DX推進アドバイザー認定試験

公式精選問題集

DX 推進アドバイザー認定試験　公式精選問題集

もくじ

DX 推進アドバイザー認定試験　試験概要

■出題範囲

第1課題　DX の現状	第1章　DX 総論	二択 10 問
	第2章　業種別 DX ビジネスの現状	四択 30 問
	第3章　DX 企業の現状	
第2課題　DX の技術	第1章　AI	二択 25 問
	第2章　ビッグデータ	四択 25 問
	第3章　IoT	
	第4章　クラウド	
	第5章　その他の IT 技術	
	第6章　情報セキュリティ	
第3課題　DX の展開	第1章　DX 人材	四択 10 問
	第2章　DX の関連制度・政策	

1. 受験資格　国籍、年齢等に制限はありません。
2. 受験会場（下記のほか、オンライン・CBT 会場でも実施されます。）
　　札幌　仙台　東京　埼玉　千葉　横浜　名古屋　大阪　京都　神戸　福岡
3. 試験日程　協会ホームページをご確認ください。
4. 試験時間　90 分
5. 問題数　　100 問
　　　（出題範囲・会場・試験時間・問題数は予告なく変更される場合があります。）
6. 試験形式　マークシート方式
7. 合格基準　第1課題・第2課題・第3課題の合計で 70%以上の正答
8. 受験料 … 11,000 円（税込）
9. 申込方法
　　インターネットでお申込みの場合は下記アドレスよりお申し込みください。
　　https://www.joho-gakushu.or.jp/web-entry/siken/
　　郵送でお申込の場合は、下記までお問合せください。

お問合せ先

一般財団法人　全日本情報学習振興協会
東京都千代田区神田三崎町 3-7-12　　清話会ビル 5F
TEL：03-5276-0030　FAX：03-5276-0551　https://www.joho-gakushu.or.jp/

【第 1 課題　DX の現状】

第 1 章　DX 総論

問題 1．DX に関する記述として、より<u>適切</u>なものを以下のア・イのうち 1 つ選びなさい。

ア．スウェーデンのウメオ大学教授であるエリック・ストルターマン氏が、DX の概念を提唱したのは、2004 年のことである。

イ．経済産業省が 2018 年に公開した「DX レポート」では、日本の企業に対して 2025 年までにデジタル企業への変革を開始することを目指して計画的に DX を進めるよう促している。

解説　DX の概念・DX の現状

ア適　切。エリック・ストルターマン氏の論文「Information technology and the good life」（2004）において、DX の概念が提唱された。

イ不適切。「変革を開始する」が誤りで、正しくは「変革を完了させる」である。経済産業省が 2018 年に公開した「DX レポート」では、老朽化・複雑化・ブラックボックス化した既存システムが DX を本格的に推進する際の障壁となることに対して警鐘を鳴らすとともに、2025 年までにデジタル企業への変革を完了させることを目指して計画的に DX を進めるよう促した。

解答　ア

問題２．「DX 推進ガイドライン」における DX の定義の文章中の（　　）に入る語句の組合せとして、最も<u>適切な</u>ものを、以下のアからエまでのうち１つ選びなさい。

> 企業がビジネス環境の激しい変化に対応し、（　a　）とデジタル技術を活用して、顧客や社会のニーズを基に、製品やサービス、ビジネスモデルを（　b　）するとともに、業務そのものや、組織、プロセス、企業文化・風土を（b）し、競争上の優位性を確立すること

ア．a．データ　　　　　　　b．改善
イ．a．人材　　　　　　　　b．改善
ウ．a．データ　　　　　　　b．変革
エ．a．人材　　　　　　　　b．変革

解説　DX の定義

　2018 年に経済産業省が公表した「デジタルトランスフォーメーションを推進するためのガイドライン（DX 推進ガイドライン）」における定義では、「企業がビジネス環境の激しい変化に対応し、データとデジタル技術を活用して、顧客や社会のニーズを基に、製品やサービス、ビジネスモデルを変革するとともに、業務そのものや、組織、プロセス、企業文化・風土を変革し、競争上の優位性を確立すること」とされている。

> 企業がビジネス環境の激しい変化に対応し、<u>データ</u>とデジタル技術を活用して、顧客や社会のニーズを基に、製品やサービス、ビジネスモデルを<u>変革</u>するとともに、業務そのものや、組織、プロセス、企業文化・風土を<u>変革</u>し、競争上の優位性を確立すること

解答　ウ

問題3．「2025 年の崖」に関する以下のアからエまでの記述のうち、最も<u>適切な</u>ものを1つ選びなさい。

ア．「2025 年の崖」が現実となった場合、ユーザ企業は、デジタル競争の敗者となる恐れがあり、IT システムの運用・保守の担い手が不在になり、多くの技術的負債を抱えるとともに、業務基盤そのものの維持・継承が困難になる。

イ．「2025 年の崖」が現実となった場合、ベンダー企業は、成長領域であり主戦場となっているクラウドベースのサービス開発・提供に専念することができる状態になる。

ウ．「2025 年の崖」で発生することが予測されている 2025 年から 2030 年までの経済損失額合計は、最大 12 兆円である。

エ．「2025 年の崖」という言葉が初めて使用されたのは、経済産業省が 2018 年に発表した「DX 推進ガイドライン」である。

解説　システムのレガシー化・2025 年の崖

ア適　切。複雑化・老朽化・ブラックボックス化した既存システムが残存した場合、2025 年までに予想される IT 人材の引退やサポート終了等によるリスクの高まり等に伴う経済損失は、2025 年以降、最大 12 兆円／年（現在の約 3 倍）にのぼる可能性がある。この場合、ユーザ企業は、爆発的に増加するデータを活用しきれずに DX を実現できず、デジタル競争の敗者となる恐れがある。また、IT システムの運用・保守の担い手が不在になり、多くの技術的負債を抱えるとともに、業務基盤そのものの維持・継承が困難になる。

イ不適切。「2025 年の崖」が現実となった場合、ベンダー企業は、既存システムの運用・保守にリソースを割かざるを得ず、成長領域であり主戦場となっているクラウドベースのサービス開発・提供を攻めあぐねる状態になる。

ウ不適切。肢ア解説の通り、「2025 年の崖」で発生することが予測されている 2025 年以降の経済損失額は、最大 12 兆円／年である。

エ不適切。「2025 年の崖」という言葉が初めて使用されたのは、経済産業省が 2018 年に発表した「DX レポート」である。「DX レポート」の正式なタイトルは、「DX レポート　〜IT システム「2025 年の崖」克服と DX の本格的な展開〜（DX レポート）」であり、「2025 年の崖」の克服のための対策も記載されている。

解答　ア

問題4. システムのブラックボックス化、レガシー化に関する以下のアからエまでの記述のうち、最も<u>適切ではない</u>ものを1つ選びなさい。

ア. レガシーシステムとは、企業における、老朽化や複雑化、ブラックボックス化した既存のシステムのことであり、「マネジメント」の側面ではなく、「技術」の側面が大きな問題であるとされている。

イ. ユーザ企業において、ITシステムに関するノウハウをドキュメント等に形式知化するインセンティブが弱かったことは、システムのブラックボックス化の要因の一つである。

ウ.「DXレポート」に参考として記載されているアンケート調査では、2017年には、日本の8割の企業がレガシーシステムを抱えているという結果であった。

エ. レガシーシステムを使用し続けることは、多くのコストや人的リソースを費やすことになり、その結果、新しいデジタル技術などにIT予算などの資源を投資できなくなり、企業のグローバル競争力を低下させることにつながるとされている。

解説　システムのレガシー化・2025 年の崖

ア 不適切。レガシー化は技術の側面のみならず、「マネジメント」の側面が大きな問題と考えるべきである。古い技術を使っているシステムだから必ずレガシー問題が発生するわけではない。

イ 適　切。多くの国内企業は終身雇用が前提のため、ユーザ企業においては、IT システムに関するノウハウをドキュメント等に形式知化するインセンティブは弱い。そのため、ノウハウが特定の人の暗黙知に留まっている。このため、開発当初はドキュメントが正確に記述されていても、特定の技術者が「有識者」として居続ければ、組織としての管理がおざなりになってしまう可能性が高い。「有識者」であるベテラン社員の退職により、既に多くの企業においてブラックボックス化していると考えられる。

ウ 適　切。記述の通り。「DX レポート」の「2.2　既存システムの現状と課題」に調査結果が記載されている。

エ 適　切。記述の通り。このことから、レガシーシステムから脱却し DX を推進することが求められている。

解答　ア

問題 5. 独立行政法人情報処理推進機構（IPA）の「DX 白書 2023」の内容に関する記述として、より適切なものを以下のア・イのうち 1 つ選びなさい。

ア．従業員 20 人以下の中小企業の「DX に取組むに当たっての課題」の回答で最も多いのは「予算の確保が難しい」ではない。

イ．従業員 21 人以上の中小企業の「DX に取組むに当たっての課題」の回答で最も多いのは「具体的な効果や成果が見えない」ではない。

| 解説　DX の現状 |

ア不適切。従業員 20 人以下の企業の「DX に取組むに当たっての課題」の回答で最も多いのは「予算の確保が難しい」（26.4%）であった。

イ適　切。従業員 21 人以上の企業の「DX に取組むに当たっての課題」の回答で最も多いのは「DX に関わる人材が足りない」（41.8%）であった。

| 解答　イ |

問題６．DX に関する記述として、より<u>適切な</u>ものを以下のア・イのうち１つ選びなさい。

ア．既成概念の破壊を伴わず新たな価値を創出しない、単なる情報化・デジタル化は、DX とは言い難い。

イ．DX は、それ自身を目的とするものであり、企業が特定の目的を達成するための手段ではない。

| 解説　DX 総論 |

ア適　切。これまでに企業が実施してきた情報化・デジタル化（デジタル技術を用いた単純な省人化、自動化、効率化、最適化）は DX とは言い難く、社会の根本的な変化に対して、既成概念の破壊を伴いながら新たな価値を創出するための改革が DX である。

イ不適切。DX は、あくまで企業が特定の目的を達成するための手段であり、それ自身を目的とするものではない点に留意が必要である。

| 解答　ア |

問題7.「デジタルガバナンス・コード 2.0」に関する記述として、より<u>適切な</u>ものを以下のア・イのうち1つ選びなさい。

ア．企業が DX の取組みを自主的・自発的に進めることを促す「デジタルガバナンス・コード 2.0」は、企業の従業員一人一人に求められる企業価値向上に向け実践すべき事柄を取りまとめたものである。

イ．「デジタルガバナンス・コード 2.0」では、近年その重要性が指摘されている SX や GX について、これらをさらに効果的かつ迅速に推進していくために、DX と一体的に取り組んでいくことが望まれる、としている。

| 解説　DX 総論 |

ア不適切。「企業の従業員一人一人に求められる」が誤りで、正しくは「経営者に求められる」である。「デジタルガバナンス・コード 2.0」には、「経営者に求められる企業価値向上に向け実践すべき事柄を「デジタルガバナンス・コード」として取りまとめていくこととする。」とある。

イ適　切。「デジタルガバナンス・コード 2.0」には、「近年その重要性が指摘されている SX（サステナビリティ・トランスフォーメーション）や GX（グリーントランスフォーメーション）については、これらをさらに効果的かつ迅速に推進していくために、DX と一体的に取り組んでいくことが望まれる。」とある。

| 解答　イ |

問題8. 独立行政法人情報処理推進機構（IPA）の「デジタル・トランスフォーメーション推進人材の機能と役割のあり方に関する調査」における「デジタル技術の普及による自社への影響」の調査・回答に関する以下のアからエまでの記述のうち、最も<u>適切ではない</u>ものを1つ選びなさい。

ア. この調査においての「デジタル技術」とは、人工知能（AI）やIoTなどの技術を指している。

イ. 自社への影響として懸念している事項として選択された最多の回答は、「価格競争の激化」であり、6割近くの企業が挙げている。

ウ. 「既存企業の市場からの撤退」を選択した企業は、「自社の従業員規模の削減」を選択した企業よりも少ない。

エ. 「自社の事業規模の削減」を選択した企業は1割以下であり、ごく一部の企業はデジタル技術が普及することが自社の事業規模の削減につながることを懸念している。

解説 DX の現状

ア適　切。記述の通り。自社が懸念している事項を回答の選択肢から最大3つまで選ぶアンケートであった。

イ不適切。自社への影響として懸念している事項として選択された最多の回答は、「自社の優位性や競争力の低下」であり、58.7%の企業が選択している。

ウ適　切。「既存企業の市場からの撤退」を選択した企業は 2.2%で、「自社の従業員規模の削減」を選択した企業は 6.5%であった。

エ適　切。記述の通り。この調査の対象が東証一部上場企業のような国内のリーディング企業であることも影響してか、デジタル技術が普及することが事業規模の削減につながることを懸念している企業は1.1%であったが、一部の企業では、懸念されているともいえる。

解答　イ

問題9. 次の図は、日米の企業に対する DX の取組領域ごとの成果状況を尋ねた結果を示したものである。図中の（d）に入る適切な項目を、以下のアからエまでのうち1つ選びなさい。

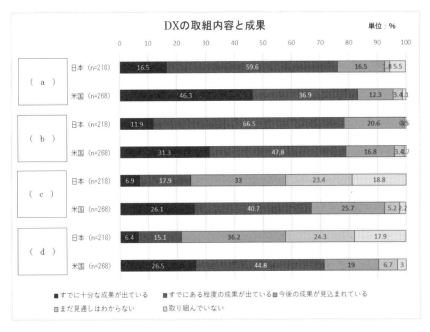

独立行政法人情報処理推進機構（IPA）「DX 白書 2023」より作成

ア．顧客起点の価値創出によるビジネスモデルの根本的な変革

イ．新規製品・サービスの創出

ウ．業務の効率化による生産性の向上

エ．アナログ・物理データのデジタル化

※アからエまでの項目は、（a）から（d）のいずれかに該当する。

解説　DX の現状

　DX に相当する「新規製品・サービスの創出」「顧客起点の価値創出によるビジネスモデルの根本的な変革」については日本では 20％台で、米国の約 70％とは大きな差がある。

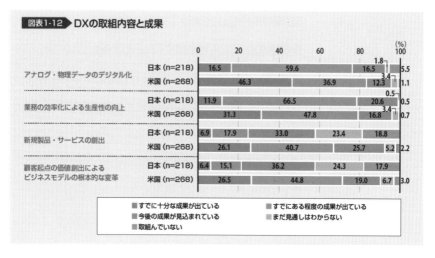

独立行政法人情報処理推進機構（IPA）「DX 白書 2023」より

解答　ア

問題 10. 次の文章の（　　）に入る最も<u>適切な</u>項目の組合せを、以下のアからエ
　　　　までのうち 1 つ選びなさい。

> 「デジタル・トランスフォーメーション推進人材の機能と役割のあり方に
> 関する調査」（独立行政法人 情報処理推進機構（IPA））における「情報
> システム部門の関与度別『DX 推進体制』の分類」の回答で最も多かった体
> 制は、（　a　）であり、2 番目に多かった体制は、（　b　）であった。

ア．a．「DX 専門組織＋情報システム部門も関与」
　　b．「情報システム部門のみ」

イ．a．「DX 専門組織＋情報システム部門も関与」
　　b．「情報システム部門＋その他部門」

ウ．a．「情報システム部門のみ」
　　b．「DX 専門組織＋情報システム部門も関与」

エ．a．「情報システム部門のみ」
　　b．「情報システム部門＋その他部門」

解説　DX の現状

　調査結果の図は、以下の通りである。

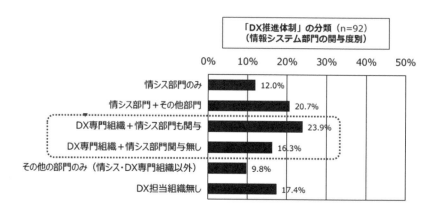

「デジタル・トランスフォーメーション推進人材の機能と役割のあり方に関する調査」（独立行政法人 情報処理推進機構（IPA））における「情報システム部門の関与度別『DX 推進体制』の分類」の回答で最も多かった体制は、「DX 専門組織＋情報システム部門も関与」であり、2 番目に多かった体制は、「情報システム部門＋その他部門」であった。

解答　イ

問題 11. 次の文章の（　　　）に入る語句として、より<u>適切な</u>ものを以下のア・イ
　　　　のうち 1 つ選びなさい。

（前略）

このような製品導入の成功を「経営のリーダーシップにより企業文化を
変革する小さな成功体験」とし、DX のファーストステップと位置付け
ることが肝要である。特に、多くの中小企業では、DX 以前の問題として
IT 機器の導入をはじめとする（　　　）の段階にさえも進んでいないのが
現状である。中小企業は企業規模の小ささゆえに、経営者のビジョンを
全社に浸透させやすく、かつ、DX の障壁となる大規模なレガシーシス
テムを抱えていないケースも多い。このため、一旦経営者がビジネス変
革の方針を定めると一気呵成に DX を推進できる可能性もある。

（後略）

「DX レポート 2.2」より

ア．デジタライゼーション

イ．デジタイゼーション

解説　DX のステップ

　既存の紙のプロセスを自動化するなど、物質的な情報をデジタル形式に変換
することを「デジタイゼーション」といい、組織のビジネスモデル全体を一新
し、クライアントやパートナーに対してサービスを提供するより良い方法を構
築することを「デジタライゼーション」という。

解答　イ

問題 12.「令和元年版　情報通信白書」における従来の情報化／ICT 利活用と DX
に関して、以下のアからエまでの記述のうち、最も<u>適切な</u>ものを１つ選
びなさい。

ア．日本の多くの企業において、ICT は、DX の概念が認識される前から事業
のコアとして扱われてきた。

イ．金融に代表される伝統的な業界は、DX を推進する場合に、新たなコスト
構造に適した形へと自らを変えていくことが求められている。

ウ．DX は、ICT を利活用して企業のビジネスを改善する取組みであり、企業
に組織やビジネスモデル自体の連続的な進化を求めるものである。

エ．DX においては、ICT は補助ツールとして位置づけることが重要である。

ア不適切。ICT は、従来、事業のコアとしては扱われておらず、ICT に関する
　　　　業務はアウトソーシングされることが主流であった。

イ適　切。「令和元年版　情報通信白書」に「ICT があらゆる経済活動の根本と
　　　　なるコスト構造を変えているために、ICT 企業はこの新たなコスト
　　　　構造に適した形のビジネスモデルを構築してあらゆる産業に進出
　　　　している。同時に、あらゆる産業における伝統的なプレイヤーは、
　　　　新たなコスト構造に適した形へと自らを変えていくことが求めら
　　　　れている。これがデジタル・トランスフォーメーションの本質の一
　　　　つであるといえよう。」と記載されている。

ウ不適切。DX は、単に ICT を利活用して企業のビジネスを改善する取組みで
　　　　はなく、企業に組織やビジネスモデル自体の変革という「非連続的」
　　　　な進化を求めるものである。「令和元年版　情報通信白書」に記載
　　　　されている。また「このような進化を果たすことができない企業には
　　　　市場からの退出を余儀なくするものであり、伝統的なプレイヤーに
　　　　とって生き残るための取組でもあることに留意が必要である。」と
　　　　続けられている。

エ不適切。「令和元年版　情報通信白書」において、ICT の位置づけは、従来の
　　　　情報化／ICT 利活用においては補助ツールにすぎなかったものが、
　　　　DX においては事業のコアということになると記載されている。

解答　イ

問題 13.「デジタルガバナンス・コード 2.0」において、組織づくり・人材・企業
　　　　文化に関する方策の柱となる考え方として示されている次の文章中の
　　　　（　　）に入る語句の組合せとして、以下のアからエまでの記述のうち、
　　　　最も適切なものを 1 つ選びなさい。

企業は、デジタル技術を活用する戦略の推進に必要な体制を構築すると
ともに、組織設計・運営の在り方について、（　a　）に示していくべ
きである。その際、人材の育成・確保や（　b　）との関係構築・協業
も、重要な要素として捉えるべきである。

ア．a．コンシューマー　　　　b．ステークホルダー
イ．a．コンシューマー　　　　b．外部組織
ウ．a．ステークホルダー　　　b．外部組織
エ．a．ステークホルダー　　　b．ステークホルダー

解説　DX 総論

　「デジタルガバナンス・コード 2.0」では、「2-1．組織づくり・人材・企業
文化に関する方策」の柱となる考え方として、「企業は、デジタル技術を活用す
る戦略の推進に必要な体制を構築するとともに、組織設計・運営の在り方につ
いて、ステークホルダーに示していくべきである。その際、人材の育成・確保
や外部組織との関係構築・協業も、重要な要素として捉えるべきである。」とし
ている。

企業は、デジタル技術を活用する戦略の推進に必要な体制を構築するととも
に、組織設計・運営の在り方について、**ステークホルダー**に示していくべき
である。その際、人材の育成・確保や**外部組織**との関係構築・協業も、重要
な要素として捉えるべきである。

解答　ウ

問題 14. 「DX 推進ガイドライン」の「DX 推進のための投資等の意思決定のあり
方」に関する以下のアからエまでの記述のうち、最も<u>適切ではないもの</u>
を 1 つ選びなさい。

ア. 経営者が押さえるべき事項として「コストのみでなく、ビジネスに与える
プラスのインパクトを勘案して判断しているか。」が挙げられている。

イ. 経営者が押さえるべき事項として「社内での抵抗が大きい場合には、トッ
プがリーダーシップを発揮し、意思決定することができているか。」が挙げ
られている。

ウ. 経営者が押さえるべき事項として「定性的なリターンやその確度を求めす
ぎて挑戦を阻害していないか。」が挙げられている。

エ. 経営者が押さえるべき事項として「投資をせず、DX が実現できないこと
により、デジタル化するマーケットから排除されるリスクを勘案している
か。」が挙げられている。

解説　DX 総論

ア適　切。「コストのみでなく、ビジネスに与えるプラスのインパクトを勘案し
て判断しているか。」と記載されている。

イ適　切。「仮に、必要な変革に対する社内での抵抗が大きい場合には、トップ
がリーダーシップを発揮し、意思決定することができているか」が
挙げられている。

ウ不適切。「定性的なリターン」が誤りで、正しくは「定量的なリターン」であ
る。「他方、定量的なリターンやその確度を求めすぎて挑戦を阻害し
ていないか。」と記載されている。

エ適　切。「投資をせず、DX が実現できないことにより、デジタル化するマー
ケットから排除されるリスクを勘案しているか。」と記載されている。

解答　ウ

問題 15.「DX レポート 2.2」（2022 年 7 月）の「デジタルで収益向上を達成する
ための特徴」で示されている内容に関する以下のアからエまでの記述の
うち、最も適切ではないものを 1 つ選びなさい。

ア．経営者は、ビジョンや戦略を示すだけでは不十分であり、社員が新しい仕
事のやり方や働き方に順応できるように、判断の拠りどころとなる行動指
針を示さなければならない。

イ．変革は、立ち止まることなく、顧客や市場の反応に合わせて継続しなけれ
ばならない。

ウ．迅速に変革を推進するためには、全社を対象にトップダウンで一斉に実施
しなければならない。

エ．競争領域の取組みは、異業種の他社事例に頼るのではなく、同業他社の事
例を参考にデジタル化戦略を定める。

ア適　切。記述の通り。

イ適　切。記述の通り。補足として「DX を先送りする理由や経営課題として
　　　　の優先度を下げる理由はいくらでも出てくるが、立ち止まることで
　　　　競合他社との差が開いていく、または、何もしないだけで遅れてい
　　　　くという認識が不足している。」と記載されている。

ウ適　切。「部門間は互いに関係しあっているため、個別部門から順番に変革し
　　　　ても未変革の他部門に影響を受けるため、全体の変革が完了しない。
　　　　このため、変革を推進するためには、全社を対象にトップダウンで
　　　　一斉に実施しなければならない。」と記載されている。また、補足と
　　　　して「例えば、分社化して出島にするということは、一斉に一気に
　　　　実施して成功事例を定着させるための方法である。（小さく始める
　　　　ための方法ではない）」とある。

エ不適切。記述が逆である。「競争領域の取組みは、国内の同業他社事例に頼る
　　　　のではなく、異業種であってもグローバルに通用するような事例を
　　　　参考にデジタル化戦略を定める。」と記載されている。補足として
　　　　「個別領域や個別地域のルールを重視しつつ、データやデジタル技
　　　　術の効用をいかに自社へ導入するかを考えることが重要。」とある。

解答　エ

21

第 2 章　業種別 DX ビジネスの現状

問題 16.　ブロックチェーンに関する記述として、より<u>適切</u>なものを以下のア・イ
　　　　　のうち 1 つ選びなさい。

　　ア．ブロックチェーンは、一般に「取引履歴を暗号技術によって過去から 1 本
　　　　の鎖のようにつなげ、正確な取引履歴を維持しようとする技術」とされて
　　　　いる。

　　イ．ブロックチェーンの利点として、一度ブロックチェーン上に配置したプロ
　　　　グラムは何度でも変更することができる利便性が挙げられる。

解説　ブロックチェーン

　　ア適　　切。記述の通り。ブロックチェーンは、データの破壊・改ざんが極めて
　　　　　　　困難であり、システムが障害によって停止してデータが失われる事
　　　　　　　故を未然に防ぐことができる等の特徴を持つ。

　　イ不適切。改ざんが困難なことに起因して一度ブロックチェーン上に配置した
　　　　　　　プログラムは変更できない。このことは現状のブロックチェーンの
　　　　　　　問題点とされている。

解答　ア

問題 17. 暗号資産に関する以下のアからエまでの記述のうち、最も<u>適切ではない</u>ものを 1 つ選びなさい。

ア．暗号資産は、従来「仮想通貨」と呼ばれていたが、現在では法的な名称は「暗号資産」とされている。

イ．暗号資産の中には、インターネット等での電子的なやりとりができないものもある。

ウ．暗号資産交換業者は、金融庁・財務局への登録が必要である。

エ．暗号資産は、裏付け資産を持っていないことなどから、その価格が大きく変動する傾向にある点には注意が必要とされている。

解説　暗号資産

ア適　切。2018 年 12 月、金融庁は「仮想通貨」を「暗号資産」という呼称へ変更すると発表し、2020 年 5 月 1 日の改正資金決済法施行に伴い、名称が国際標準である「暗号資産」に統一された。

イ不適切。「資金決済に関する法律」において、暗号資産は「電子情報処理組織を用いて移転することができるもの」と定められている。（2 条 5 項）

ウ適　切。記述の通り。日本においては、金融庁の登録を受けた暗号資産交換業者 29 社（2024 年 3 月 31 日現在）で、暗号資産が取引可能となっている。

エ適　切。暗号資産は、国家やその中央銀行によって発行された、法定通貨ではなく、裏付け資産を持っていないことなどから、利用者の需給関係などのさまざまな要因によって、その価格が大きく変動する傾向にある点には注意が必要とされている。

解答　イ

問題 18. キャッシュレス決済に関する以下のアからエまでの記述のうち、最も<u>適切ではないもの</u>を 1 つ選びなさい。

ア．国際決済銀行（BIS）が公表している主要国における決済関連の統計データによると、2019 年時点で日本の一人あたりの保有キャッシュレス決済手段は、諸外国と比べて多い傾向にある。

イ．スマートフォンに搭載され、非接触のキャッシュレス決済に使われている NFC は、近距離無線通信のことである。

ウ．キャッシュレス決済の支払方法には、プリペイド、リアルタイムペイ、ポストペイがあり、デビットカードは、ポストペイに分類される。

エ．バーコード決済と QR コード決済の違いは、決済の際に読み取る対象がバーコードか、QR コードかという違いである。

| 解説　キャッシュレス決済 |

ア適　切。国際決済銀行（BIS）が公表している「Redbook」と呼ばれる主要国における決済関連の統計データによると、主要国におけるキャッシュレス決済手段の保有状況について、2019 年時点で日本は一人あたり平均してクレジットカードの保有枚数が 2.3 枚、デビットカードが 3.6 枚、そして電子マネーが 3.6 枚と、合計して約 9.5 手段を保有しており、諸外国と比べ、一人あたり多くのキャッシュレス決済手段を保有していることがわかる。

イ適　切。記述の通り。NFC は、「Near Field Communication」の頭文字で、近距離無線通信のことである。決済端末に近づけることで、非接触で決済をすることができる。

ウ不適切。デビットカードは、リアルタイムペイに分類される。電子マネーは通常プリペイド、クレジットカードはポストペイである。

エ適　切。記述の通り。バーコード決済と QR コード決済は、読み取るものの違いで、キャッシュレス決済の技術的には同じである。

| 解答　ウ |

問題 19. インシュアテックに関する以下のアからエまでの記述のうち、最も適切ではないものを1つ選びなさい。

ア. マイクロ保険とは一件あたりの掛金・保障額が少ない小規模保険で、毎月高額の保険料を支払うことが負担となる人に適した保険である。

イ. テレマティクス保険とは、運転者によって異なる運転情報を取得・分析して保険料を算定する仕組みであり、安全運転の場合に保険料が低くなり、急ハンドルや急ブレーキ・急発進などの事故につながりやすい運転操作が多いと保険料は高くなる。

ウ. R2R保険とは、保険金支払いを受けた加入者がいた場合、保険金額分を加入者全員で割り勘して保険料として支払う仕組みの保険である。

エ. AIやIoT端末を活用し、健康増進の活動をしている場合に保険料を安くするといった商品や、AIで顧客の状況や意向に合った保険を提案する仕組みなど、さまざまなインシュアテックが登場している。

解説　インシュアテック

ア適　切。マイクロ保険とは一件あたりの掛金・保障額が少なく、公的な保険が発達していない、あるいは財政的に厳しい状況にある各国において、低廉な保険料で加入できる保険として普及しつつある。

イ適　切。テレマティクス保険では、安全運転の場合に保険料が低くなり、急ハンドルや急ブレーキ・急発進などの事故につながりやすい運転操作が多いと評価が下がる。ドライブレコーダーやセンサーによる運転の計測において、事故になりそうなケースを検知する場合、急ハンドル、急ブレーキであると考えられる。

ウ不適切。「R2R保険」が誤りで、正しくは「P2P保険」である。P2P保険とは、対等な立場で連携するという意味の「Peer to Peer」の略称と保険を組み合わせたものであり、保険金支払いを受けた加入者がいた場合、保険金額分を加入者全員で割り勘して保険料として支払う仕組みの保険である。P2P保険は「わりかん保険」とも呼ばれる。

エ適　切。記述の通り。保険会社のコールセンターでAIを活用し、問合せに対応するといったケースも多い。

解答　ウ

問題 20. 金融の DX に関する次の文章中の（　　）に入る語句の組合せとして最も<u>適切な</u>ものを以下のアからエまでのうち 1 つ選びなさい。

> API とは、あるアプリケーションの機能や管理するデータ等を他のアプリケーションから呼び出して利用するための接続仕様・仕組みを指し、それを他の企業等に公開することを「オープン API」という。銀行法により、銀行等にはオープン API の導入に係る（　a　）を行う旨の努力義務が課せられている。例えば、銀行と電子決済等代行業者のシステムが API を通じて接続されると、電子決済等代行業者が提供するサービスの利用者は、銀行等の ID やパスワードを電子決済等代行業者に（　b　）、銀行等の預金口座残高や取引履歴などの情報を取得して家計簿アプリと連携させたり、スマートフォンを用いて手軽に決済や送金を行ったりすること等が可能となり、利便性が高まることになる。

ア．a．体制の整備　　　　b．提供することにより

イ．a．体制の整備　　　　b．提供することなく

ウ．a．技術の開発　　　　b．提供することなく

エ．a．技術の開発　　　　b．提供することにより

API は「Application Programming Interface」の略である。

APIとは、あるアプリケーションの機能や管理するデータ等を他のアプリケーションから呼び出して利用するための接続仕様・仕組みを指し、それを他の企業等に公開することを「オープンAPI」という。銀行法により、銀行等にはオープンAPIの導入に係る**体制の整備**を行う旨の努力義務が課せられている。例えば、銀行と電子決済等代行業者のシステムがAPIを通じて接続されると、電子決済等代行業者が提供するサービスの利用者は、銀行等のIDやパスワードを電子決済等代行業者に<u>提供することなく</u>、銀行等の預金口座残高や取引履歴などの情報を取得して家計簿アプリと連携させたり、スマートフォンを用いて手軽に決済や送金を行ったりすること等が可能となり、利便性が高まることになる。

解答　イ

問題 21. デジタルツインに関する記述として、より<u>適切な</u>ものを以下のア・イの
うち１つ選びなさい。

ア．デジタルツインは、現実空間とサイバー空間、そして両者の情報連携の３
要素によって構成される。

イ．デジタルツインは、現実世界の状態を学習・推論するための AI、通信のた
めのネットワーク、データを集約・管理・活用する情報基盤の３つが技術
要素となる。

解説　デジタルツイン

ア適　切。記述の通り。

イ不適切。デジタルツインは、現実世界の状態を継続的に感知するためのセン
サー、通信のためのネットワーク、データを集約・管理・活用する
情報基盤の３つが技術要素となる。

解答　ア

問題 22. インダストリー4.0 に関する以下のアからエまでの記述のうち、最も適切ではないものを1つ選びなさい。

ア. インダストリー4.0 とは、ドイツ政府が提唱した概念で、「第4次産業革命」という意味合いを持ち、第3次産業革命に続く、ビッグデータ、IoT、AI、ロボットなどによる技術革新を表している。

イ. インダストリー4.0 の主眼は、スマート工場を中心としたエコシステムの構築である。

ウ. インダストリー4.0 の目的は、既存のバリューチェーンの変革や新たなビジネスモデルの構築ではなく、人間、機械、その他の企業資源が互いに通信することで、各製品がいつ製造されたか、そしてどこに納品されるべきかといった情報を共有し、製造プロセスをより円滑なものにすることである。

エ. インダストリー4.0 の整備が進めば、大量生産の仕組みを活用しながらオーダーメードの製品作りを行う「マス・カスタマイゼーション」が実現する。

解説　インダストリー4.0

ア適　切。記述の通り。第4次産業革命とは、1970年代初頭からの電子工学や情報技術を用いた一層のオートメーション化である第3次産業革命に続く、ビッグデータ、IoT、AI、ロボットなどによる技術革新である。

イ適　切。記述の通り。

ウ不適切。インダストリー4.0 の目的には、既存のバリューチェーンの変革や新たなビジネスモデルの構築も含まれる。インダストリー4.0 は、人間、機械、その他の企業資源が互いに通信することで、各製品がいつ製造されたか、そしてどこに納品されるべきかといった情報を共有し、製造プロセスをより円滑なものにすること、さらに既存のバリューチェーンの変革や新たなビジネスモデルの構築をもたらすことを目的としている。

エ適　切。記述の通り。「マス・カスタマイゼーション」とは、少品種多量生産により生産コストを下げる「マスプロダクション(大量生産)」、顧客の要望に応じて仕様変更を行う「カスタマイゼーション(受注生産)」を掛け合わせたものである。

解答　ウ

問題 23. 小売業の DX に関する以下のアからエまでの記述のうち、最も<u>適切では</u><u>ない</u>ものを 1 つ選びなさい。

ア. 自らが企画・生産した商品を消費者に対して直接販売する販売方法を D2C といい、その販売ルートには EC サイト以外の仲介業者を介在させない。

イ. オンラインとオフラインを分けずに境界線をなくして顧客に最適なサービスを提供することにより、CX（顧客体験）の向上を目指す考え方を OMO という。

ウ. 実店舗や EC サイト、アプリ、カタログなど、顧客が商品やサービスの購買までに利用するあらゆる販売経路で顧客との接点を持ち、一貫性のあるサービスを提供する販売戦略をオムニチャネルという。

エ. 在庫管理を効率化する方法として、商品への RFID タグの貼付があり、RFID は、電波の届く距離であれば複数のタグを一気にスキャンすることが可能であり、商品の箱を開ける必要もない。

解説　小売業の DX

ア不適切。D2C は、「Direct to Consumer」の略であり、EC サイトを含めて、仲介業者を介在させず販売することである。

イ適　切。記述の通り。OMO とは、（Online Merges with Offline）の頭文字であり、「オンラインとオフラインを融合した世界」を意味する。

ウ適　切。実店舗や EC サイト、アプリ、カタログなど、顧客が商品やサービスの購買までに利用するあらゆる販売経路で顧客との接点を持ち、一貫性のあるサービスを提供する販売戦略をオムニチャネルといい、実店舗に行って希望の商品がなかった場合、オンラインショップで注文し店舗で受け取るといったものである。「オムニ（Omuni）」には、「あらゆる、すべての」という意味があり、「チャネル（Channel）」は、「販売経路」という意味がある。

エ適　切。RFID は、「Radio Frequency Identifier」の頭文字であり、RFID タグを貼付することで、倉庫にある商品のタグを 1 つ 1 つスキャンしなくとも、まとめて情報を読み取ることができ、短距離無線通信を使用するため、箱を開ける必要もない。

解答　ア

問題 24. テレワークに関する記述として、より<u>適切な</u>ものを以下のア・イのうち
1つ選びなさい。

ア．ノートパソコン、携帯電話等を活用して、顧客先・訪問先・外回り先、喫
茶店・図書館・出張先のホテルなどの場所で行うテレワークを、サテライ
ト型テレワークという。

イ．パソコンやインターネットなどの情報通信技術を活用し、雇用契約ではなく
請負契約に基づいて在宅で行うテレワークを、非雇用型テレワークという。

解説　テレワーク

ア不適切。ノートパソコン、携帯電話等を活用して、顧客先・訪問先・外回り
先、喫茶店・図書館・出張先のホテルまなどの場所で行うテレワー
クを、モバイル型テレワークという。サテライト型テレワークは、
労働者が属する部署があるメインのオフィスではなく、住宅地に近
接した地域にある小規模なオフィス、複数の企業や個人で利用する
共同利用型オフィス、コワーキングスペース等で行うテレワークで
ある。

イ適　切。記述の通り。

解答　イ

31

問題 25. BIM／CIM に関する次の文章中の（　　）に入る語句の組合せとして
　　　　最も<u>適切な</u>ものを、以下のアからエまでのうち１つ選びなさい。

BIM／CIM は（　a　）の電子データを利活用した生産方式のため、
建設生産・管理システムで（　b　）及び（　c　）を行うことがで
きる。(b)とは、初期の工程において負荷をかけて事前に集中的に検
討する手法であり、(c)とは、製造業等での開発プロセスを構成する
複数の工程を同時並行で進め、各部門間での情報共有や共同作業を行
う手法である。

ア．a．２次元
　　b．フロントローディング
　　c．コンカレントエンジニアリング

イ．a．３次元
　　b．フロントローディング
　　c．コンカレントエンジニアリング

ウ．a．２次元
　　b．コンカレントローディング
　　c．フロントエンジニアリング

エ．a．３次元
　　b．コンカレントローディング
　　c．フロントエンジニアリング

　BIM／CIMとは、建設業、土木業において、計画、調査、設計段階から3次元モデルを導入することにより、その後の施工、維持管理の各段階においても3次元モデルを連携・発展させて事業全体にわたる関係者間の情報共有を容易にし、一連の建設生産・管理システムの効率化・高度化を図るものである。

　BIM／CIMは3次元の電子データを利活用した生産方式のため、建設生産・管理システムでフロントローディング及びコンカレントエンジニアリングを行うことができる。フロントローディングとは、初期の工程（フロント）において負荷をかけて事前に集中的に検討する手法。後工程で生じそうな仕様変更や手戻りを未然に防ぎ、品質向上や工期の短縮化に効果がある。コンカレントエンジニアリングとは、製造業等での開発プロセスを構成する複数の工程を同時並行で進め、各部門間での情報共有や共同作業を行う手法。開発期間の短縮やコストの削減に効果がある。

　BIM／CIM は**3次元**の電子データを利活用した生産方式のため、建設生産・管理システムで**フロントローディング**及び**コンカレントエンジニアリング**を行うことができる。**フロントローディング**とは、初期の工程において負荷をかけて事前に集中的に検討する手法であり、**コンカレントエンジニアリング**とは、製造業等での開発プロセスを構成する複数の工程を同時並行で進め、各部門間での情報共有や共同作業を行う手法である。

解答　イ

問題 26. RPA に関する以下のアからエまでの記述のうち、最も適切ではないものを１つ選びなさい。

ア．RPA とは「Robotic Process Automation」の略称であり、ソフトウェア上のロボットによる業務工程の自動化のことで、AI や機械学習等を含む認知技術が活用されている。

イ．RPA には３段階の自動化レベルがあるとされており、現在の RPA の多くは、定型業務に対応する「クラス１」のレベルである。

ウ．RPA の３段階のレベルのうち、「クラス３」は、RPA と AI の技術を用いることにより非定型作業を自動化するレベルであり、「EPA」と呼ばれている。

エ．データ入力や伝票作成などの定型業務を RPA に任せることにより、定型業務を担当していた社員をより付加価値の高い業務や成長分野の業務に割り振ることができるようになる。

解説　RPA

ア適　切。記述の通り。RPA は、表計算ソフトやメールソフトなど、複数のアプリケーションを使用する業務プロセスをオートメーション化することができる。

イ適　切。現在の RPA の多くは、情報取得や入力作業などの定型業務に対応する「クラス１」のレベルである。

ウ不適切。RPA と AI の技術を用いることにより非定型作業を自動化するレベルであり、「EPA」と呼ばれているのは、「クラス２」である。クラス１は、RPA（Robotic Process Automation）、クラス２は、EPA（Enhanced Process Automation）、クラス３は、CA（Cognitive Automation）と呼ばれている。

エ適　切。記述の通り。社員をより付加価値の高い業務や成長分野の業務に割り振ることができることにより、継続的な組織改革が可能になることが期待される。

解答　ウ

問題 27. デジタル技術によるサービスモデルに関する記述として、より<u>適切な</u>ものを以下のア・イのうち 1 つ選びなさい。

ア．Spotify は、サブスクリプションサービスである。

イ．akippa は、サブスクリプションサービスである。

解説　サービスモデル

ア適　切。サブスクリプションとは、「料金を支払うことで、製品やサービスを一定期間利用することができる」形式のビジネスモデルである。Spotify は、スウェーデンの企業が運営する音楽配信のサブスクリプションサービスである。

イ不適切。akippa は、日本の企業が運営する、個人所有の空き地、空きスペース、月極駐車場などと駐車場を探すドライバーをインターネット上でマッチングさせるシェアリングエコノミーサービスである。

解答　ア

問題 28. サブスクリプションに関する記述として、より<u>適切な</u>ものを以下のア・
イのうち１つ選びなさい。

ア.「令和３年版情報通信白書」では、動画配信サービスの市場規模について、
　　ダウンロード課金型が横ばいであるのに対し、サブスクリプションサービ
　　スは大きく伸長するとの予想を記している。

イ. サブスクリプションのサービスは、デジタルコンテンツに限定されている。

解説　サブスクリプション

ア適　切。「令和３年版情報通信白書」には、動画配信サービスの市場規模は、
　　　　　ダウンロード課金型が横ばいであるのに対し、サブスクリプション
　　　　　サービスは大きく伸長するとの予想を記している。

イ不適切。サブスクリプションのサービスは、デジタルコンテンツ以外の商品
　　　　　についても一定期間利用できるサービスとして提供されるように
　　　　　なってきている。サブスクリプションサービスは、デジタルコンテ
　　　　　ンツ以外においては従来から定期購入・頒布会といった売り切り型
　　　　　の販売が行われてきたが、最近ではデジタルコンテンツ以外の商品
　　　　　についても一定期間利用できるサービスとして提供されるように
　　　　　なってきている。ファッション定額利用サービス、自動車定額利用
　　　　　サービスなどがその例である。

解答　ア

問題 29. クラウドファンディングに関する以下のアからエまでの記述のうち、最も適切ではないものを 1 つ選びなさい。

ア．クラウドファンディングとは、インターネットを介して不特定多数の人々から少額ずつ資金を調達する仕組みであり、1980 年代のアメリカで始まった。

イ．寄付型のクラウドファンディングでは、支援者に金銭のリターンをする必要はないが、支援者が記念品、活動報告など対価性のない返礼を受け取ることはある。

ウ．購入型のクラウドファンディングにおいて、目標金額が達成されなくても、支援者が 1 人でも出ればプロジェクトが成立して起案者が支援金を受け取るのは「All In 型」である。

エ．投資型・金融型のクラウドファンディングは、支援者が株式やファンドを取得して、配当やファンドの運用益の分配を受けるものであり、金融商品取引法の規制対象である。

解説 クラウドファンディング

ア不適切。クラウドファンディングは、インターネットの普及に伴い、2000 年代のアメリカで始まった。日本では、2011 年の東日本大震災における寄付をする際の新たなチャネルとして急速に浸透した。

イ適 切。寄付型のクラウドファンディングにおいては、商品・サービスなど、対価性のあるリターンはないが、支援者が記念品、活動報告など対価性のない返礼を受け取ることはある。

ウ適 切。記述の通り。購入型のクラウドファンディングにおいて、目標金額が達成された場合に限りプロジェクトが成立して起案者が支援金を受け取るのは「All or Nothing 型」である。

エ適 切。記述の通り。金融商品を取り扱うクラウドファンディングである。

解答 ア

37

問題 30. MaaS（Mobility as a Service）に関する以下のアからエまでの記述の
うち、最も適切ではないものを 1 つ選びなさい。

ア．MaaS は、地域住民や旅行者の移動ニーズに対応して、複数の交通手段や
それ以外のサービスを最適に組み合わせることができ、観光や医療等の目
的地における移動の利便性向上や地域の課題解決に役立つ重要な手段で
ある。

イ．MaaS の対象となる交通手段は、公共交通に限定される。

ウ．MaaS では、スマートフォンなどの端末で、目的地までの最適経路と利用
すべき交通機関、所要時間や料金を検索し、予約や支払いまで行うことが
可能である。

エ．欧州では、フィンランドのヘルシンキやドイツのシュツットガルトなどで、
すでに MaaS のサービスが提供されている。

解説　MaaS

ア適　切。記述の通り。MaaS は、交通以外のサービスとの連携により、地域
住民や旅行者一人一人のニーズに対応し、検索、予約、決済等を一
括で行うことができる。

イ不適切。MaaS では、公共交通機関だけではなく、タクシー、シェアサイク
ル、カーシェア、ライドシェアなども対象となり、交通以外の目的
地そのもの、サービスと組み合わせることもある。

ウ適　切。記述の通り。所要時間や料金の検索は、MaaS でなくとも可能であ
るが、予約や支払いまで一括で行えることが MaaS のメリットであ
る。

エ適　切。欧州では、フィンランド・ヘルシンキの「Whim」やドイツ・シュ
ツットガルトの「moovel（現・REACH NOW）」などの MaaS の
サービスが提供されている。欧州では、環境負荷軽減の観点から、
自家用車からの転移促進が大きな潮流となっている。

解答　イ

問題 31. シェアリングエコノミーに関する以下のアからエまでの記述のうち、最も適切ではないものを1つ選びなさい。

ア．シェアリングエコノミーとは、個人等が保有する活用可能な資産等をインターネット上のマッチングプラットフォームを介して他の個人等も利用可能とする経済活性化活動である。

イ．シェアリングエコノミーの経済効果の一つとして、これまで明確な需要がなく供給過多であった製品・サービスの供給量の適正化による、消費拡大が挙げられる。

ウ．シェアリングエコノミー協会では、シェアリングエコノミーを、モノのシェア、場所のシェア、乗り物のシェア、スキルのシェア、お金のシェアの5種類に分類している。

エ．シェアリングエコノミーには、C to C のビジネスモデルが多いという特徴がある。

解説　その他の業種のDX③シェアリングエコノミー

ア適　切。記述の通り。「シェアリングエコノミー検討会議第二次報告書」(2019年5月）で、このように言われている。

イ不適切。「明確な需要がなく供給過多であった製品・サービスの供給量の適正化」が誤りで、正しくは「明確な需要はあったものの供給が不足していた製品・サービスの供給量の増加」である。シェアリングエコノミーが進展することによって、これまで市場に出ていなかった遊休資産が市場に出ることになる。結果として、これまで明確な需要はあったものの供給が不足していた製品・サービスの供給量が増加し、プラットフォーム上で需給がマッチングされることによって、消費が増加することが期待される。

ウ適　切。シェアリングエコノミー協会による分類は、モノのシェア、場所のシェア、乗り物のシェア、スキルのシェア、お金のシェアの5つであり、お金のシェアの例として、クラウドファンディングがある。

エ適　切。記述の通り。シェアリングエコノミーには、消費者同士で取引をするC to C のビジネスモデルが多い。

解答　イ

第 3 章　DX 企業の現状

問題 32.　デジタルディスラプターに関する記述として、より<u>適切</u>なものを以下の
ア・イのうち 1 つ選びなさい。

ア. デジタルディスラプターと呼ばれる企業が誕生するようになった背景の一
つとして、デジタル技術の活用へのハードルが上がっていることが挙げら
れる。

イ. デジタル技術を武器に市場に参入するデジタルディスラプターは、自身の
持つ技術によって新たなコスト構造に適した形のビジネスモデルを構築
している。

解説　デジタルディスラプター

ア不適切。「ハードルが上がっている」が誤りで、正しくは「ハードルが下がっ
ている」である。クラウドサービスの登場で、自ら情報システムを
所有する必要がなくなったほか、AI や IoT といったデジタル技術
が飛躍的に発展し、かつ、これら技術の低廉化・コモディティ化が
進み利用が容易になっていること、さらにマーケティングや試作品
の製作も、インターネット上のサービスを利用することで迅速かつ
安価にできるようになるなど、デジタル技術の活用へのハードルが
大きく下がっていることから、デジタルを実装した新興勢力が誕生
し、既存勢力を脅かす環境が生まれやすくなっている。

イ適　切。デジタル技術を武器に市場に参入するディスラプターは、自身の持
つ技術によって新たなコスト構造に適した形のビジネスモデルを
構築し、従来型のビジネスモデルや商習慣に風穴を開けることで、
既存企業の存続を困難にさせている。

解答　イ

問題 33. デジタルディスラプションとデジタルディスラプターに関する以下のアからエまでの記述のうち、最も適切ではないものを1つ選びなさい。

ア. デジタルディスラプションとは、デジタルテクノロジーによる新しいビジネスモデルを実現させた企業が市場に参入した結果、既存企業が市場からの退出を余儀なくされることである。

イ. デジタルディスラプションをした企業をデジタルディスラプターといい、代表的な例として、インターネット通販により商業の世界を変革したAmazon が挙げられる。

ウ. デジタルディスラプターと呼ばれる企業が生まれやすくなった要因として、クラウドサービスの登場、AI や IoT といったデジタル技術の低廉化・コモディティ化など、デジタル技術の活用へのハードルが大きく下がったことが挙げられる。

エ. デジタル化競争には、「新たなデジタル企業が既存事業の事業を破壊する競争」と「より早くデジタル化を達成した既存の大企業が同業他社を圧倒する競争」の2つがあるとされ、先発のデジタル企業が、後発のデジタル企業によるディスラプションの脅威にさらされることはない。

解説　デジタルディスラプター

ア適　切。デジタルテクノロジーによる新しいビジネスモデルを実現させた企業が市場に参入した結果、既存企業が市場からの退出を余儀なくされる事例をデジタルディスラプション（デジタルによる破壊）といい、それらの企業をデジタルディスラプターという。

イ適　切。記述の通り。他に、配車サービスの Uber Technologies などがある。

ウ適　切。従来は、情報システムの構築や新技術の導入には、多額の投資と長い期間を要していたが、クラウドサービスの登場で、自ら情報システムを所有する必要がなくなったほか、AI や IoT といったデジタル技術が飛躍的に発展し、かつ、これら技術の低廉化・コモディティ化が進み利用が容易になっていることなど、デジタル技術の活用へのハードルが大きく下がっていることから、デジタルを実装した新興勢力が誕生し、既存勢力を脅かす環境が生まれやすくなっている。

エ不適切。企業が現状の売上高や顧客、市場占有率などの地位を維持するには、デジタル化競争の中でも絶えず進化し続ける必要がある。このことから、先発のデジタル企業が、後発のデジタル企業によるディスラプションの脅威にさらされる事象も起きている。CD 等の販売を中心とする音楽業界のビジネスモデルに風穴を開けた Apple の iTunes が、その後に登場した Spotify に代表される定額制音楽配信サービスの脅威によりサービスの変更を余儀なくされたのはその例である。

解答　エ

問題 34. 経済産業省、公正取引委員会、総務省の「プラットフォーマー型ビジネスの台頭に対応したルール整備の基本原則」（2018 年）に記載の巨大化したデジタル・プラットフォーマーに関する次の文章中の（　　）に入る最も適切な語句の組合せを、以下のアからエまでのうち１つ選びなさい。

巨大デジタル・プラットフォーマーには特に次の特徴があり、これを前提に、それぞれの局面でどのような観点、どのような手段で取引環境整備を図っていくかが問題となる。

・社会経済に不可欠な基盤を提供している。

・多数の消費者（個人）や事業者が参加する（　a　）存在である。

・当該市場は操作性や（　b　）が高い。

ア．a．市場そのものを設計・運営・管理する　　b．不透明性

イ．a．市場の構成の大部分を占める　　b．不透明性

ウ．a．市場の構成の大部分を占める　　b．透明性

エ．a．市場そのものを設計・運営・管理する　　b．透明性

| 解説　デジタル・プラットフォーマー |

　「プラットフォーマー型ビジネスの台頭に対応したルール整備の基本原則」
（2018 年）には、以下の通り、記載されている。デジタル・プラットフォーマー
は、デジタル経済そのものを機能させる舞台を提供する役割を果たし、人々の
生活を豊かなものにする上で大きく社会に貢献しているが、あまりにも強い力
を持つことに危惧を示す考え方もある。

巨大デジタル・プラットフォーマーには特に次の特徴があり、これを
前提に、それぞれの局面でどのような観点、どのような手段で取引環
境整備を図っていくかが問題となる。

・社会経済に不可欠な基盤を提供している。
・多数の消費者（個人）や事業者が参加する**市場そのものを設計・運
営・管理する**存在である。
・当該市場は操作性や**不透明性**が高い。

| 解答　ア |

問題 35. DX 企業に関する以下のアからエまでの記述のうち、最も<u>適切な</u>ものを
　　　　1 つ選びなさい。

ア.「GAFA」とは、巨大 IT 企業である Google、Amazon、Facebook、Apple
　　の頭文字をとった呼び方であり、Facebook のサービス名は変わらず、社
　　名が「Meta」に変更されたため、「GAFAM」とも呼ばれている。

イ.「GAFAM」にエヌビディア（NVIDIA）を加えて「FANGAM」と呼ぶ場合
　　もあるが、アメリカでは、巨大な IT 企業の総称として「ビッグテック」を
　　使用することが一般的ともいわれている。

ウ. インターネットを通して国境を越えて事業を展開し、巨額な利益を上げて
　　いるアメリカの巨大 IT 企業に対して、利用者がいて売り上げがある国や
　　地域が課税できないという問題が続いてきたが、その大きな理由は、課税
　　の対象となる支店などの物理的拠点が当該国・地域にないためである。

エ. 巨大 IT 企業をはじめとする世界規模の多国籍企業に対して、適切な税負
　　担を求める国際的な課税ルールが 2030 年の発効を目指して進められてお
　　り「デジタル課税」と呼ばれている。

解説　DX 企業

ア不適切。「GAFA」とは、巨大 IT 企業である Google、Amazon、Facebook、
　　　　　Apple の頭文字をとった呼び方であり、マイクロソフトを加えて
　　　　　「GAFAM」と呼ばれる。

イ不適切。「FANGAM」の「N」は、ネットフリックス（Netflix）である。ア
　　　　　メリカでは、「GAFA」「GAFAM」「FANGAM」などと企業を特定せ
　　　　　ず、巨大 IT 企業を総称して「ビッグテック」と呼ばれる。

ウ適　切。巨額な利益を上げているアメリカの巨大 IT 企業に対して、利用者
　　　　　がいて売り上げがある国や地域が課税できない大きな理由は、課税
　　　　　の対象となる支店などの物理的拠点が当該国にないためである。

エ不適切。巨大 IT 企業をはじめとする世界規模の多国籍企業に対して、適切
　　　　　な税負担を求める国際的な課税ルール「デジタル課税」は、2025 年
　　　　　の発効を目指して進められている。

解答　ウ

45

問題 36. Google に関する以下のアからエまでの記述のうち、最も<u>適切</u>なものを
1つ選びなさい。

ア．Google は、1978 年の創業当初より独自のアルゴリズムによる検索エンジ
ンの開発を進めて成長し、世界最先端の検索エンジンをはじめとして、多
数のサービスを展開する企業である。

イ．Alphabet は、Google の子会社ではない。

ウ．Google の広告には、広告掲載先向けの Google 広告と広告主向けの Google
アドセンスがあり、Google アドセンスは、オンラインコンテンツに広告を
表示することにより収益を得ることが可能なものである。

エ．Google の事業には、スマートフォン向け OS のアンドロイド、ウェブブラ
ウザの Safari、動画共有サービスの YouTube などがある。

解説　Google

ア不適切。Google の創業は、1998 年である。

イ適　切。2015 年に持ち株会社「Alphabet（アルファベット）」が設立され、
組織上 Google は Alphabet の子会社となっている。

ウ不適切。記述が逆である。Google の広告には、広告掲載先（サイト運営者）
向けの Google アドセンスと広告主向けの Google 広告があり、
Google アドセンスは、オンラインコンテンツに広告を表示すること
により収益を得ることが可能なものである。

エ不適切。Google が提供しているウェブブラウザは、Chrome である。Safari
は、Apple のブラウザである。

解答　イ

問題 37. Apple に関する次の a から d までの記述のうち、適切ではないものはいくつあるか。以下のアからエまでのうち 1 つ選びなさい。

a. Apple は、デジタル機器の製造小売を中心とする IT 企業で、GAFA の中で最も古い歴史を持ち、その業態は、時代ごとに大きな変貌を遂げてきた。

b. Apple の特徴はハードウェアとソフトウェアの両方を手がけていることであり、例としては、主力製品である iPhone とその OS である iOS が挙げられる。

c. Apple のサービスには、定額制音楽ストリーミングサービスの Apple Music や決済サービスの Alipay などがある。

d. Apple の代表的なハードウェアであるパーソナルコンピュータの Macintosh と携帯電話端末の iPhone は、連携して使用することができる利便性があることから、Macintosh 発売の 2 年後に iPhone が発売された。

ア. 1つ　　イ. 2つ　　ウ. 3つ　　エ. 4つ

解説　Apple

a 適　切。記述の通り。Apple は 1976 年の創業で、Amazon の創業は 1995 年、Google は 1998 年、Facebook は 2004 年である。

b 適　切。記述の通り。パーソナルコンピュータ Macintosh やタブレット iPad の OS も Apple のものである。

c 不適切。Apple の決済サービスは、Apple Pay である。

d 不適切。Macintosh と携帯電話端末の iPhone は、連携して使用すると便利であるが、Macintosh の発売は 1984 年、iPhone の発売は 2007 年で、Macintosh の発売から iPhone の発売まで 20 年以上かかった。

　c と d の 2 つが適切ではない。したがって正解はイである。

解答　イ

問題 38.　Meta Platforms に関する以下のアからエまでの記述のうち、最も<u>適切</u>
　　　　<u>な</u>ものを１つ選びなさい。

ア.「令和５年情報通信白書」によると、2023 年の Meta Platforms は好調な
　　広告収益によって時価総額が大きく増大した。

イ.　Meta Platforms は、画像共有サービスの「Instagram」やメッセージアプ
　　リの「Chatwork」を買収し、運営している。

ウ.　Meta Platforms の SNS「Facebook」は、登録時に利用者が実名登録し、
　　さまざまな属性も登録するため、Facebook 広告はターゲットを細かく設
　　定することができる、精度の高い広告サービスであるといわれている。

エ.「Meta Platforms」の社名の由来とされている「メタバース」は、インター
　　ネット上の２次元の仮想空間であり、利用者はアバターを操作して他者と
　　交流することができる。

解説　Facebook（現：Meta Platforms）

ア不適切。2023 年の Meta Platforms は広告収益の減少や後発 SNS（TikTok
　　　　　等）の躍進などによって時価総額が大きく減少した（9,267 億ドル
　　　　　→5,370 億ドル）。

イ不適切。Meta Platforms は、画像共有サービスの「Instagram」やメッセー
　　　　　ジアプリの「WhatsApp」を買収し、運営している。

ウ適　切。記述の通り。膨大な情報、データの蓄積および分析により、既存の
　　　　　広告より高い精度といわれる。

エ不適切。「Meta Platforms」の社名の由来とされている「メタバース」は、イ
　　　　　ンターネット上の３次元の仮想空間である。

解答　ウ

問題39. Amazon に関する以下のアからエまでの記述のうち、最も<u>適切ではない</u>ものを1つ選びなさい。

ア．Amazon のクラウドサービス「Azure」は、クラウドサービスの IaaS 市場では、最大のシェアを占めるといわれている。

イ．「Amazon Go」は、Amazon が運営するレジレスの（レジのない）実店舗である。

ウ．Amazon は、電子書籍リーダー「Kindle」の販売や電子書籍の販売、クラウドベースの音声サービスである Alexa を利用するスマートスピーカー「Echo」などの開発販売も行っている。

エ．Amazon の急成長に伴いさまざまな市場で進行している混乱や変革などの現象のことを「Amazon エフェクト」という。

解説　Amazon

ア不適切。Amazon のクラウドサービスは「AWS（Amazon Web Service）」である。「Azure」は、マイクロソフトのクラウドサービスである。

イ適　切。「Amazon Go」は、Amazon が運営する、食品を中心に扱う実店舗であり、ユーザ認証、画像認識等の技術を用いてレジレスの（レジのない）買い物を実現している。

ウ適　切。記述の通り。Echo は、音声だけでリモート操作できるスマートスピーカーである。

エ適　切。記述の通り。消費者の購買行動が実店舗からオンラインショッピングへと移行したことで、米国内の百貨店やショッピングモールが閉鎖に追い込まれるなど、既存の米国の消費関連企業が業績悪化や株価低迷に陥っており、同社による買収や新規事業拡大の影響は他の産業分野にも及んでいるとの指摘もある。

解答　ア

問題 40. Airbnb に関する記述として、より<u>適切な</u>ものを以下のア・イのうち 1 つ選びなさい。

ア．Airbnb のサービスでは、ゲスト（宿泊者）は支払いの方法として、クレジットカードと現金いずれかの方法を選ぶことができる。

イ．日本では、住宅宿泊事業法により、民泊と旅行者の仲介を行う「住宅宿泊仲介業者」が規定されており、住宅宿泊仲介業を営もうとする者は、観光庁長官を登録の受ける必要があり、Airbnb の関連会社が日本の「住宅宿泊仲介業者」に登録されている。

解説　Airbnb

ア不適切。Airbnb のサービスでは、ゲスト（宿泊者）の支払いは、クレジットカード、モバイル決裁などにより Airbnb サイトで行われ、現金による支払いは規約で禁止されている。

イ適　切。2018 年に施行された住宅宿泊事業法により、民泊と旅行者の仲介を行う「住宅宿泊仲介業者」が規定され、Airbnb の関連会社の Airbnb Global Services Limited も登録されている。

解答　イ

問題 41. Uber に関する次の文章の（　　）に入る最も適切な項目の組合せを、以下のアからエまでのうち1つ選びなさい。

2023年12月に、ライドシェアが、2024年4月から条件つきで解禁されることが発表された。ライドシェアは、日本では（　a　）により禁止されていたが、実施できる地域・時間帯の条件をつけることで今回の解禁に至った。2024年2月には、Uber が初めて自治体と提供する観光地や交通空白地における「自家用（　b　）旅客運送」として、石川県加賀市のライドシェア導入支援を行うことが同社から発表された。

ア．a．道路運送法　　　　　b．有償

イ．a．道路運送法　　　　　b．無償

ウ．a．道路交通法　　　　　b．有償

エ．a．道路交通法　　　　　b．無償

解説 Uber

　2023 年 12 月に、一般ドライバーが有償で顧客を送迎するライドシェアが、2024 年 4 月から条件つきで解禁されることが発表された。タクシー会社が運行を管理し、タクシー会社の管理の下で一般ドライバーの所有車による送迎が認められる。また、実施できる地域・時間帯の条件があり、Uber がアメリカでは採用しているダイナミックプライシング（時間、天候などによる利用者の需給に応じて料金が変動する仕組み）は認められない。

　2024 年 2 月には、Uber が初めて自治体と提供する観光地や交通空白地における「自家用有償旅客運送（一般ドライバー・自家用車による運送サービス）」として、石川県加賀市のライドシェア導入支援を行うことが同社から発表された。

　2023 年 12 月に、ライドシェアが、2024 年 4 月から条件つきで解禁されることが発表された。ライドシェアは、日本では**道路運送法**により禁止されていたが、実施できる地域・時間帯の条件をつけることで今回の解禁に至った。2024 年 2 月には、Uber が初めて自治体と提供する観光地や交通空白地における「自家用**有償**旅客運送」として、石川県加賀市のライドシェア導入支援を行うことが同社から発表された。

解答　ア

問題 42. Airbnb（エアビーアンドビー）に関する以下のアからエまでの記述のうち、最も適切ではないものを1つ選びなさい。

ア．Airbnb の利用は、個人旅行者に限られ、法人利用はできない。

イ．Airbnb のサービスには、ゲストによるホストの評価、ホストによるゲストの評価を投稿する仕組みが採用されている。

ウ．Airbnb 自体の利益は、ゲスト（宿泊者）からの手数料のみによるものではない。

エ．日本で住宅宿泊事業法により規定されている「住宅宿泊仲介業者」には、Airbnb の関連会社が登録されている。

解説　Airbnb

ア不適切。Airbnb は、個人・法人を問わずに利用することができる。

イ適　切。ゲストとホストの信頼性を高めるために、ゲストによるホストの評価、ホストによるゲストの評価を投稿する仕組みが採用されている。

ウ適　切。ゲスト（宿泊者）とホスト（宿泊提供者）双方からの手数料が Airbnb 自体の利益となる仕組みである。

エ適　切。日本では、住宅宿泊事業法により、民泊と旅行者の仲介を行う「住宅宿泊仲介業者」が規定され、Airbnb の関連会社である Airbnb Global Services Limited も登録されている。

解答　ア

問題 43.　LINE に関する記述として、より<u>適切な</u>ものを以下のア・イのうち 1 つ
　　　　　選びなさい。

　　ア．LINE Pay は、LINE ヤフー株式会社から認証を受けた LINE 公式アカウ
　　　　ントのみで使用することが可能である。

　　イ．コミュニケーションアプリの LINE では、ユーザ同士であれば、複数人で
　　　　もビデオ通話を利用することができる。

　解説　LINE

　　ア不適切。LINE 公式アカウントとは、企業や店舗が LINE を使用して顧客に
　　　　　　　情報発信などをするアカウントであり、LINE Pay の使用は、LINE
　　　　　　　公式アカウントとは関係なく、LINE ユーザであれば可能である。

　　イ適　切。コミュニケーションアプリ「LINE」では、ユーザ同士であれば、個
　　　　　　　人間はもちろん、複数人でも、トーク・音声通話・ビデオ通話を利
　　　　　　　用することができる。

　　　　　　　　　　　　　　　　　　　　　　　　　　　　　　解答　イ

問題 44. LINE に関する以下のアからエまでの記述のうち、最も適切ではないものを 1 つ選びなさい。

ア．LINE 株式会社は、2023 年 10 月に Z ホールディングス株式会社他各社と合併して、LINE ヤフー株式会社となった。

イ．メッセンジャーアプリ LINE の月間ユーザ数は、約 5,000 万人（2023 年 6 月末時点）である。

ウ．LINE では青少年の LINE でのトラブルを未然に防ぐ目的で、18 歳未満のユーザは、LINE の ID 設定および ID 検索、電話番号を利用した友だち検索、オープンチャットの一部機能を利用することができないよう、部分的な機能制限が実施されている。

エ．LINE の関連サービスには、「LINE MUSIC」「LINE Pay」「LINE NEWS」などがあり、多ジャンルにわたる事業展開が行われている。

解説　LINE

ア適　切。Z ホールディングス株式会社、LINE 株式会社、ヤフー株式会社、Z Entertainment 株式会社および Z データ株式会社は、グループ内再編に関する手続きを完了し、2023 年 10 月 1 日より「LINE ヤフー株式会社として新たに業務を開始した。

イ不適切。メッセンジャーアプリ LINE の月間ユーザ数は、約 9,500 万人（2023 年 6 月末時点）である。

ウ適　切。記述の通り。キャリアと連携し年齢確認をすることで、18 歳以上が確認された場合には機能制限がされない仕組みとなっている。

エ適　切。記述の通り。LINE というプラットフォームでさまざまな事業を展開している。

解答　イ

問題 45. メルカリに関する以下のアからエまでの記述のうち、最も<u>適切ではない</u>ものを 1 つ選びなさい。

ア. 株式会社メルカリは、フリマアプリ「メルカリ」の運営企業で、「限りある資源を循環させ、より豊かな社会をつくりたい」との創業者の問題意識から 2013 年に設立された。

イ.「メルカリ」では、AI を活用した違反検知システムを使用している。

ウ.「メルカリ」は、「B to B」サービスの代表的なものである。

エ. メルカリグループでは、スマホ決済サービス「メルペイ」を運営しており、「メルカリ」の売上金や、銀行口座からチャージした金額を「メルカリ」アプリ内や実店舗で使うことができる。

解説　メルカリ

ア適　切。記述の通り。グループのミッションは「テクノロジーの力で世界中の人々をつなぎ、あらゆる人の可能性が発揮される世界を実現していく」としている。

イ適　切。「メルカリ」では、安全・安心な取引のため、AI を活用した違反検知システムを使用するとともに、専用の配送システムの提供により、出品者と購入者が互いに名前や住所を知らせることなく取引することを可能としている。

ウ不適切。「メルカリ」は、中古品の消費者同士の売買であるフリーマーケットをスマートフォンを通して再現するサービスであり、シェアリングエコノミーの形態、いわゆる「C to C」サービスの代表的なものである。

エ適　切。記述の通り。最近では「メルカリ」アプリでビットコインを買うことができるサービスも展開している。

解答　ウ

問題 46. BATH に関する以下のアからエまでの記述のうち、最も適切ではないも
のを 1 つ選びなさい。

ア．GAFA と並んで言及されることが多い BATH は、中国の巨大 IT 企業であ
る、バイドゥ、アリババ、テンセント、ファーウェイの頭文字をとったも
のである。

イ．バイドゥが、2023 年に一般向けサービスの提供を開始した生成 AI は、
「通義千問（トンイーチェンウェン）」である。

ウ．アリババグループが運営するクラウドサービスは、「アリババクラウド」で
ある。

エ．テンセントは、「中国の LINE」とも言われるチャットアプリ「ウィー
チャット」を提供している。

解説　BATH

ア適　切。BATH は、バイドゥ（Baidu）、アリババ（Alibaba）、テンセント
　　　　（Tencent）、ファーウェイ（Huawei）の頭文字をとったものであ
　　　　る。

イ不適切。バイドゥが、2023 年に一般向けサービスの提供を開始した生成 AI
　　　　は、「文心一言（アーニーボット）」である。

ウ適　切。アリババグループは、世界最大の流通総額を持つ電子商取引企業で
　　　　あり、EC サイト Tmall.com などを運営しており、クラウドサービ
　　　　ス「アリババクラウド」や決済サービス「アリペイ」なども提供し
　　　　ている。

エ適　切。テンセントは、「中国の LINE」とも言われる 10 億人以上のユー
　　　　ザーを持つチャットアプリ「ウィーチャット」を提供している。

解答　イ

問題47. アジアの DX 企業に関する以下のアからエまでの記述のうち、最も<u>適切</u><u>ではない</u>ものを１つ選びなさい。

ア．Samsung は韓国、GOJEK はインドネシア、Grab はシンガポールに本社を置く企業である。

イ．Samsung は、1969 年にサムスン電子としてエレクトロニクス産業に参入後、家電製品、IT およびモバイル製品、半導体などで事業を拡大し、特にスマートフォン Xperia は、世界のスマートフォン出荷台数の上位争いをしている。

ウ．Grab は、配車サービスアプリの運営企業で、東南アジア各国で、配車サービス、相乗りサービス、配送サービス、および決済サービス等のサービスを提供し、2021 年にはアメリカのナスダック市場に上場した。

エ．GOJEK は、ライドシェアと物流を中心に、総合サービス業のような業態になっており、マーケットプレイスのスタートアップ企業である「Tokopedia」と 2021 年に事業統合した。

| 解説　アジアの DX 企業 |

ア適　切。記述の通り。Grab は、マレーシアで創業したが、シンガポールに拠点を移した。

イ不適切。Samsung のスマートフォンは、Galaxy である。

ウ適　切。Grab は、配車サービスアプリの運営企業で、東南アジア各国で、配車サービス、相乗りサービス、配送サービス、および決済サービス等のサービスを提供し、2021 年 12 月にはアメリカのナスダック市場に上場した。

エ適　切。GOJEK は、ライドシェアと物流を中心に、総合サービス業のような業態になっており、マーケットプレイスのスタートアップ企業である「Tokopedia」と 2021 年に事業統合した。

| 解答　イ |

【第2課題　DXの技術】

第1章　AI

問題 48. AI の歴史に関する記述として、より<u>適切</u>なものを以下のア・イのうち 1 つ
選びなさい。

ア. 1970 年代に起こった第一次 AI ブームでは、コンピュータによる「推論」
や「探索」が可能となり、特定の問題に対して解を提示できるようになっ
た。

イ. 第二次 AI ブームは、1980 年代に訪れ、専門分野の知識を取り込んだ上で
推論することで、その分野の専門家のように振る舞うプログラムであるエ
キスパートシステムが生み出された。

解説　AI 総論・歴史

ア不適切。「1970 年代に起こった」が誤りで、正しくは「1950 年代後半から
1960 年代にかけての」である。1950 年代後半から 1960 年代にか
けての第一次 AI ブームでは、コンピュータによる「推論」や「探
索」が可能となり、特定の問題に対して解を提示できるようになっ
た。

イ適　切。記述の通り。

解答　イ

問題49. AI に関する次の文章中の（　　）に入る語句の組合せとして最も<u>適切な</u>も
のを、以下のアからエまでのうち１つ選びなさい。

> AI（Artificial Intelligence）は、（　a　）に開催されたダートマス会
> 議において、計算機科学者のジョン・マッカーシー教授が初めて使用
> した言葉である。同教授は、AI を「知的な機械、特に、知的なコン
> ピュータプログラムを作る科学と技術」と（　b　）。

ア．a．1956 年
　　b．説明しているが、これは学術的に統一された定義とはされていない

イ．a．1956 年
　　b．説明しており、これが学術的に統一された定義とされている

ウ．a．1976 年
　　b．説明しているが、これは学術的に統一された定義とはされていない

エ．a．1976 年
　　b．説明しており、これが学術的に統一された定義とされている

解説　AI の歴史

　ダートマス会議は、1956 年にアメリカ・ダートマス大学において開催され
た。「AI（Artificial Intelligence）」の定義は研究者によりさまざまであり、確
立した学術的な定義や合意はない。

> AI（Artificial Intelligence）は、<u>1956 年</u>に開催されたダートマス会議
> において、計算機科学者のジョン・マッカーシー教授が初めて使用し
> た言葉である。同教授は、AI を「知的な機械、特に、知的なコンピュー
> タプログラムを作る科学と技術」と<u>説明しているが、これは学術的に
> 統一された定義とはされていない</u>。

解答　ア

問題50. AIに関する以下のアからエまでの記述のうち、最も<u>適切な</u>ものを1つ選びなさい。

ア. AIの特徴を表す言葉として、「自律性」と「適応性」があり、自律性とは、人の判断なしに状況に応じて動作する能力である。

イ. 汎用人工知能とは、特定の内容の思考・検討にだけに優れている人工知能のことである。

ウ. 特化型人工知能とは、さまざまな思考・検討を行うことができ、初めて直面する状況に対応できる人工知能のことである。

エ. 一般社団法人人工知能学会は、人工知能研究には「人間の知能そのものをもつ機械を作ろうとする立場」、「人間が知能を使ってすることを機械にさせようとする立場」の2種類があると示し、実際の研究のほとんどは前者と記している。

解説 AI 総論

ア適 切。AIの特徴を表す言葉として、自律性（Autonomy）と適応性（Adaptivity）がある。自律性とは、人の判断なしに状況に応じて動作する能力である。

イ不適切。汎用人工知能とは、さまざまな思考・検討を行うことができ、初めて直面する状況に対応できる人工知能のことである。

ウ不適切。特化型人工知能とは、特定の内容に特化した思考・検討にだけに優れている人工知能のことである。

エ不適切。一般社団法人人工知能学会は、人工知能研究の実際の研究のほとんどは「人間が知能を使ってすることを機械にさせようとする立場」からのものであると記している。

解答 ア

問題51. 機械学習に関する記述として、より<u>適切な</u>ものを以下のア・イのうち1つ選びなさい。

ア. 機械学習の「教師あり学習」は、「回帰」による売上げの予測や異常の検知といった用途に用いられる。

イ. 機械学習の「教師なし学習」は、「分類」による文字や画像の認識といった用途に用いられる。

解説　機械学習

ア適　切。「教師あり学習」は、「分類」による文字や画像の認識、「回帰」による売上げの予測や異常の検知といった用途に用いられる。

イ不適切。上述の通り、「分類」による文字や画像の認識には、「教師あり学習」が用いられる。「教師なし学習」はデータのグループ分けや情報の要約などの用途に用いられる。

解答　ア

問題52. 次の文章中の（　　）に入る適切な語句を、以下のア・イのうち１つ選びなさい。

> 「教師なし学習」の分析手法の一つで、同時購入の頻度等を算出し、消費者の選択・購入履歴から推薦すべき商品を導出するものを、（　　）という。

ア．ソーシャルネットワーク分析
イ．アソシエーション分析

解説　機械学習

　アソシエーション分析は、同時に購入される商品セットやその確率を算出する教師なし学習の一つで、ネットショッピングサイトの推薦商品の提示にも利用されている。

> 「教師なし学習」の分析手法の一つで、同時購入の頻度等を算出し、消費者の選択・購入履歴から推薦すべき商品を導出するものを、<u>アソシエーション分析</u>という。

解答　イ

問題 53. 機械学習に関する以下のアからエまでの記述のうち、最も<u>適切ではない</u>ものを１つ選びなさい。

ア．機械学習とは、人間の学習に相当する仕組みをコンピュータ等で実現するもので、そのプロセスは、大別して「学習」と「推論」があり、基本的にそれぞれのプロセスで異なるデータを用いるものである。

イ．機械学習の「教師あり学習」は、正解のラベルを付けた学習用データが用いられ、例えば、「ネコ」というラベル（教師データ）が付けられた大量の写真をコンピュータが学習することで、ラベルのない写真が与えられても、「ネコ」を検出できるようになる。

ウ．機械学習の「教師なし学習」は、正解のラベルを付けない学習用データを用いて、例えば、それが「ネコ」であるという情報は与えずにネコの画像データを学習させるものである。

エ．機械学習の「強化学習」とは、コンピュータが一定の環境の中で試行錯誤を行うことが学習データとなり、その後に正解のラベルを付けた学習用データを与えるというプロセスを繰り返すことで、何がよい行動なのかを学習させるものである。

ア適　切。学習とは、入力されたデータを分析することにより、コンピューターが識別等を行うためのパターンを確立するプロセスである。この確立されたパターンを、「学習済みモデル」という。推論とは、学習のプロセスを経て出来上がった学習済みモデルにデータを入力し、確立されたパターンに従い、実際にそのデータの識別等を行うプロセスである。このように、機械学習で活用するデータには、学習のプロセスで用いるものと、推論のプロセスで用いるものの2種類がある。

イ適　切。記述の通り。「教師あり学習」では、コンピューターに「入力」と「正しい出力」が紐づいた学習データを与え、ある入力を受けたときに正しい出力を返せるアルゴリズムを構築する学習方法である。

ウ適　切。「教師なし学習」は、コンピューターには「入力」データのみを与え、データの中に内在するパターンなどをコンピューターが独自で抽出するものであり、その結果に対して正解のラベル付けはしない。そのため、記述の場合、それが「ネコ」であるという情報は与えずにネコの画像データを学習させ、「ネコ」の特徴が学習された後にも「ネコ」という情報は与えない。

エ不適切。「正解のラベルを付けた学習用データを与える」が誤りで、正しくは「その行動に「報酬」などのフィードバックを与える」である。機械学習の「強化学習」とは、コンピュータが一定の環境の中で試行錯誤を行うことが学習データとなり、その行動に「報酬」などのフィードバックを与えるというプロセスを繰り返すことで、何がよい行動なのかを学習させるものである。例えば、AIにゲームをさせ、ゲームの結果を「報酬」などでフィードバックし、AIが試行錯誤し、価値が高くなる方策を学習して行く。

解答　エ

問題 54. ニューラルネットワークとディープラーニングに関する以下のアからエまでの記述のうち、最も適切ではないものを1つ選びなさい。

ア. ディープラーニングには、ニューラルネットワークが用いられ、情報抽出を一層ずつ多階層にわたって行うことで、高い抽象化が実現される。

イ. ディープラーニングでは、人が学習対象となる変数（特徴量）を定義するだけで、あとはコンピュータが大量のデータから自動的に学習を行うことができる。

ウ. ニューラルネットワークは、人間の脳が学習していくメカニズムをモデル化して、人工的にコンピュータ上で再現することで問題を解決しようとする仕組みである。

エ. ニューラルネットワークでは、入力された情報が、中間層（隠れ層）と呼ばれるネットワーク内での処理を経て望む情報として出力されるよう、何度も処理方法の調整が行われる。

解説　ニューラルネットワークとディープラーニング

ア適　切。ディープラーニングは、機械学習における技術の一つで、第三次 AI ブームの中核をなす技術である。ニューラルネットワークを用いるもので、情報抽出を一層ずつ多階層にわたって行うことで、高い抽象化を実現する。

イ不適切。従来の機械学習では、学習対象となる変数（特徴量）を人が定義する必要があったのに対し、ディープラーニングは、予測したいものに適した特徴量そのものを大量のデータから自動的に学習することができる点に違いがある。

ウ適　切。ニューラルネットワークは、機械学習のアルゴリズムの一つであり、人間の脳の神経回路の仕組みを模したモデルによって、問題を解決しようとする仕組みである。

エ適　切。ニューラルネットワークでは、神経細胞に相当する各ノードが層を成して接続されている情報処理のネットワークに入力された情報が、中間層（あるいは隠れ層）と呼ばれるネットワーク内での処理を経て望む情報として出力されるよう、何度も処理方法の調整を行うことで学習していく。

解答　イ

問題 55. ディープラーニングに関する以下のアからエまでの記述のうち、最も適切ではないものを1つ選びなさい。

ア．ディープラーニングでは、学習対象として、表形式ではない非構造化データを扱うことができる。

イ．ニューラルネットワークは入力層、中間層（隠れ層）、出力層の3層から成り立っている。

ウ．ニューラルネットワークのうち、出力層が複数の層となっているものを用いるのがディープラーニングである。

エ．ディープラーニングでは、学習対象となる変数（特徴量）を定義して入力する必要はない。

解説　ディープラーニング

ア適　切。「非構造化データ」の例として、画像データ、音声データがある。ディープラーニングでは、学習データとして、画像データ、音声データなどの非構造化データを扱うことができる。

イ適　切。記述の通り。中間層（隠れ層）では、一つ前の層から受け取ったデータに対し「重み付け」と「変換」を施して次の層へ渡す。

ウ不適切。「出力層」が誤りで、正しくは「中間層（隠れ層）」である。ニューラルネットワークのうち、中間層（隠れ層）が複数の層となっているものを用いるのがディープラーニングである。中間層（隠れ層）と呼ばれるネットワーク内での処理を経て望む情報として出力されるよう、何度も処理方法の調整を行うことで学習していく。

エ適　切。ディープラーニングは、予測したいものに適した特徴量そのものを大量のデータから自動的に学習することができる。

解答　ウ

問題56. 自然言語処理に関する記述として、より<u>適切な</u>ものを以下のア・イのうち1つ選びなさい。

ア. 自然言語処理は、自動運転車の走行環境の認識、医療分野における診断、製造・物流業における製品の異常検知、防犯・防災など、多くの分野での利用が期待され、実用化が進んでいる。

イ. 会話を自動的に行うチャットボットは、自然言語処理の技術を使用している。

解説　自然言語処理

ア 不適切。本肢の記述は画像認識のものである。画像認識は、物の属性、位置、角度、距離などが認識され、使用される分野は多岐にわたる。

イ 適　切。記述の通り。会話を自動的に行うチャットボット（自動会話プログラム）、スマートフォンに搭載される音声認識サービスや、Amazon や Google などが手がけているスマートスピーカーにより、音声認識や自然言語処理技術の利用は拡大し、身近なものとなっている。

解答　イ

問題57. 顔認証に関する次の文章中の（　　）に入る語句の組合せとして最も適切なものを、以下のアからエまでのうち1つ選びなさい。

> 顔認証は、（　a　）の一つで、顔の形や目鼻などの位置関係を示す特徴的な点や輪郭線等を画像認識技術により抽出し、特徴点間の距離や角度、輪郭線の曲率等や、顔表面の色や濃淡等の特徴量により顔を識別する。一般の利用者の登録時および認証時の負荷は少ないが、環境の影響を（　b　）特徴がある。

ア．a．ニーモニック認証　　　　b．受けにくい

イ．a．バイオメトリクス認証　　b．受けにくい

ウ．a．バイオメトリクス認証　　b．受けやすい

エ．a．ニーモニック認証　　　　b．受けやすい

解説　顔認証

　バイオメトリクス認証とは、身体的または行動的特徴を用いて個人を識別し認証する技術のことである。顔認証は、環境に影響を受けやすく、顔の経年変化によって正しく認証されないこともあり、その場合は認証情報の再登録が必要になる。また、角度により、本人を拒否する場合がある。

> 顔認証は、**バイオメトリクス認証**の一つで、顔の形や目鼻などの位置関係を示す特徴的な点や輪郭線等を画像認識技術により抽出し、特徴点間の距離や角度、輪郭線の曲率等や、顔表面の色や濃淡等の特徴量により顔を識別する。一般の利用者の登録時および認証時の負荷は少ないが、環境の影響を**受けやすい**特徴がある。

解答　ウ

問題 58. 仮想現実に関する記述として、より<u>適切</u>なものを以下のア・イのうち 1 つ選びなさい。

ア. 仮想現実は、視界全面を覆うヘッドマウントディスプレイを利用することにより、現実以上の美しさや空想の仮想世界を見ることができる。

イ. 仮想現実は、拡張現実や複合現実に比べると製品化されたのは新しく、ゲームなどで利用されている。

解説　AR／VR／MR

ア適　切。記述の通り。仮想現実（VR：Virtual Reality）は、拡張現実や複合現実に比べると、対象に夢中になる没入感が高いとされている。

イ不適切。仮想現実は、拡張現実や複合現実に比べると古くから製品化され、ゲームなどで利用されている。

解答　ア

問題 59. 拡張現実に関する以下のアからエまでの記述のうち、最も<u>適切な</u>ものを 1
つ選びなさい。

ア. 拡張現実の利用には、主にスマートフォンやタブレット型端末を使用する。

イ. 拡張現実は、ユーザーの動作に連動した映像や音などをコンピュータで作
成し、別の空間に入り込んだように感じさせる技術である。

ウ. 拡張現実は、景観シミュレーションには適さない技術である。

エ. 拡張現実は、xR の中では最も古くから製品化され、ゲームなどで多く利用
されている。

解説　AR／VR／MR

ア適　切。拡張現実（AR）は、スマートフォンやタブレット型端末を利用して、
　　　　カメラ等から入力された実際の映像の手前にコンピューター画像
　　　　を表示する技術である。

イ不適切。拡張現実は、コンピュータが作り出した仮想的な映像などの情報を、
　　　　現実のカメラ映像に重ねて表示したりすることで、現実そのものを
　　　　拡張する技術のことである。本肢は、仮想現実（VR）の説明である。

ウ不適切。拡張現実は、景観シミュレーションに適した技術である。拡張現実
　　　　を使うことで、建築予定の建造物の建築後の景観をシミュレーショ
　　　　ン映像で示すことができる。

エ不適切。xR の中で最も古くから製品化されているのは、仮想現実である。

解答　ア

問題60. ドローンに関する記述として、より<u>適切な</u>ものを以下のア・イのうち１つ選びなさい。

ア．重量 200 グラム未満のドローンは、無人航空機ではなく「模型航空機」に分類される。

イ．登録していない無人航空機の飛行は禁止されている。

解説　ドローン

ア不適切。「重量 200 グラム未満」が誤りで、正しくは「重量 100 グラム未満」である。マルチコプターやラジコン機等であっても、重量（機体本体の重量とバッテリーの重量の合計）100 グラム未満のものは、無人航空機ではなく「模型航空機」に分類される。

イ適　切。2020 年の改正航空法では無人航空機の登録制度が創設され、2022 年6 月 20 日以降登録していない無人航空機の飛行は禁止され、無人航空機を識別するための登録記号を表示し、リモート ID 機能を備えることが義務づけられた。

解答　イ

問題61. 自動運転車に関する記述として、より<u>適切な</u>ものを以下のア・イのうち1つ選びなさい。

ア. 2023年4月の改正道路交通法の施行により、「レベル4」に相当する自動運転の登録制度が開始された。

イ. 2023年4月の改正道路交通法では、「レベル4」に相当する自動運転を「特定自動運行」と定義している。

解説　自動運転車

ア不適切。「登録制度」が誤りで、正しくは「許可制度」である。2023年4月より、日本ではレベル4の自動運転が一定の条件のもとで可能となった。これは改正道路交通法の施行に伴うもので、同法ではレベル4の自動運転を「特定自動運行」と定義して、レベル4の自動運転を行う者に対する都道府県公安委員会の許可の必要とその遵守事項を定めている。

イ適　切。上述の通り。

解答　イ

問題 62. ロボットに関する以下のアからエまでの記述のうち、最も<u>適切な</u>ものを1つ選びなさい。

ア．日本産業規格で産業用ロボットの要件として示されている「マニピュレーション機能」とは、人間の眼と脳のように対象物を認識する機能である。

イ．2015 年に公表された日本経済再生本部の「ロボット新戦略」では、ロボットの劇的な変化として、「自律化」、「情報端末化」、「ネットワーク化」の3点が挙げられている。

ウ．2019 年の経済産業省の資料では、世界のロボットの生産量は中国が最も多いが、産業におけるロボットの導入台数の伸び率は日本が最も大きいと示している。

エ．「ロボット」の統一された定義は、「センサー、知能・制御系、駆動系の3つの要素技術を有する、知能化した機械システム」である。

　ア不適切。産業用ロボットは、日本産業規格で「自動制御によるマニピュレー
　　　　　　ション機能又は移動機能をもち、各種の作業をプログラムによって
　　　　　　実行できる、産業に使用される機械」と規定されている。マニピュ
　　　　　　レーション機能とは、人間の手のように対象物（部品、工具など）
　　　　　　をつかむ機能である。

　イ適　切。2015年に公表された日本経済再生本部の「ロボット新戦略」では、
　　　　　　ロボットの劇的な変化として、自ら学習し行動するロボットへの
　　　　　　「自律化」、さまざまなデータを自ら蓄積・活用することによる「情
　　　　　　報端末化」、ロボットが相互に結びつき連携する「ネットワーク化」
　　　　　　の3点が挙げられている。

　ウ不適切。日本と中国の記述が逆である。「経済産業省におけるロボット政策」
　　　　　　（令和元年7月9日）では、日本は世界一のロボット生産国であり、
　　　　　　世界のロボットの6割弱が日本メーカー製（約38万台中21万台）
　　　　　　として、ロボット産業市場における日本の優位性を説いているが、
　　　　　　ロボットの導入台数を地域別にみると、中国の伸び率が他国を圧倒
　　　　　　しているとして、ロボット技術のさらなる進歩と普及により、生産
　　　　　　性の低い産業の向上を図るとしている。

　エ不適切。「ロボット」の統一された定義はなく、組織、業種により複数の定義
　　　　　　が存在する。「ロボット」の意味する内容は、極めて多様であり、
　　　　　　ヒューマノイド（人の形をしたもの）に限定した見方から、産業用
　　　　　　の機械、コンピュータ上のソフトまで広げた見方までさまざまであ
　　　　　　る。本肢の記述は、経済産業省関連の「ロボット政策研究会」が、
　　　　　　2006年の報告書で示した定義である。

解答　イ

問題 63.「官民 ITS 構想・ロードマップ これまでの取組と今後の ITS 構想の基本的
　　　　考え方」における、自動車の運転自動化レベルに関する以下のアからエまで
　　　　の記述のうち、最も適切なものを1つ選びなさい。

ア．システムが縦方向及び横方向両方の車両運動制御のサブタスクを限定領域
　　において実行するのは、「レベル1」である。

イ．システムがすべての動的運転タスクを限定領域において実行し、作動継続
　　が困難な場合は、運転者がシステムの介入要求等に適切に対応するのは、
　　「レベル2」である。

ウ．システムがすべての動的運転タスク及び作動継続が困難な場合への応答を
　　無制限に実行するのは、「レベル5」である。

エ．レベル4に対応する車両を「条件付自動運転車（限定領域）」という。

解説　自動運転車

ア不適切。システムが縦方向及び横方向両方の車両運動制御のサブタスクを限
　　　　　定領域において実行するのは、「レベル2」である。「レベル1」は、
　　　　　システムが縦方向又は横方向のいずれかの車両運動制御のサブタ
　　　　　スクを限定領域において実行するものである。

イ不適切。システムがすべての動的運転タスクを限定領域において実行し、作
　　　　　動継続が困難な場合は、運転者がシステムの介入要求等に適切に対
　　　　　応するのは、「レベル3」である。「レベル2」は、システムが縦方
　　　　　向及び横方向両方の車両運動制御のサブタスクを限定領域におい
　　　　　て実行するものである。

ウ適　切。記述の通り。

エ不適切。レベル4に対応する車両は「自動運転車（限定領域）」である。「条
　　　　　件付自動運転車（限定領域）」は、レベル3に対応する車両である。

解答　ウ

問題 64. XAI に関する記述として、より<u>適切な</u>ものを以下のア・イのうち1つ選び
なさい。

ア．XAI とは、AI の判断に対し、なぜそのような判断に至ったのかを理解で
きるようにする技術の総称である。

イ．XAI とは、人がその予測過程を把握することが困難な、ブラックボックス
化した AI のことである。

解説　XAI

ア適　切。機械学習モデルは、高度に複雑な構造物であり、人がその動作の全
容を把握するのは困難であるため、その予測過程が実質的にブラッ
クボックス化しており、用途範囲の拡大に伴い、機械学習モデルの
予測結果を安心して（信頼して）業務に使えないという問題が指摘
されるようになっている。この問題に対処するため、機械学習モデ
ルの予測根拠を説明する XAI（Explainable artificial intelligence：
説明可能な AI）の研究が行われている。

イ不適切。上述の通り。

解答　ア

問題 65. 「人間中心の AI 社会原則」に関する記述として、より<u>適切</u>なものを以下の
　　　　ア・イのうち 1 つ選びなさい。

ア.「人間中心の AI 社会原則」の基本理念では、(1) 人間の尊厳が尊重され
　　る社会、(2) 多様な背景を持つ人々が多様な幸せを追求できる社会、(3)
　　高度にデジタル化された社会、の 3 つの価値を理念として尊重し、その実
　　現を追求する社会を構築していくべき旨が述べられている。

イ.「人間中心の AI 社会原則」に示されている「AI-Ready な社会」とは、社
　　会全体が AI による便益を最大限に享受するために必要な変革が行われ、
　　AI の恩恵を享受している、または、必要な時に直ちに AI を導入しその恩
　　恵を得られる状態にある、「AI 活用に対応した社会」を意味する。

解説　人間中心の AI 社会原則

ア不適切。「高度にデジタル化された社会」が誤りで、正しくは「持続性ある社
　　　会」である。

イ適　切。記述の通り。

解答　イ

問題 66. シンギュラリティに関する次の文章中の（　　）に入る語句の組合せとして、最も適切なものを、以下のアからエまでのうち1つ選びなさい。

> シンギュラリティは、「特異点」と訳され、AI の世界では「技術的特異点」のことを指す。アメリカの未来学者レイ・カーツワイル氏が、人類が経験してきたテクノロジーの（　a　）な進化を根拠に 2005 年に提唱した概念であり、氏はシンギュラリティを「テクノロジーが急速に変化し、それにより甚大な影響がもたらされ、（　b　）ような、来るべき未来のこと」としている。

ア．a．指数関数的　　b．コンピュータの知能が人間並みになる
イ．a．線形的　　　　b．人間の生活が後戻りできないほどに変容してしまう
ウ．a．指数関数的　　b．人間の生活が後戻りできないほどに変容してしまう
エ．a．線形的　　　　b．コンピュータの知能が人間並みになる

解説　シンギュラリティ

　記述は、レイ・カーツワイル著「シンギュラリティは近い　エッセンス版」に記されているものである。「指数関数的」な進化（成長）とは、「最初は目に見えないほどの変化なのに、やがて予期しなかったほど激しく、爆発的に成長する」ものとしている。対して「線形的」な成長は一定のスピードで成長するものである。

> シンギュラリティは、「特異点」と訳され、AI の世界では「技術的特異点」のことを指す。アメリカの未来学者レイ・カーツワイル氏が、人類が経験してきたテクノロジーの指数関数的な進化を根拠に 2005 年に提唱した概念であり、氏はシンギュラリティを「テクノロジーが急速に変化し、それにより甚大な影響がもたらされ、人間の生活が後戻りできないほどに変容してしまうような、来るべき未来のこと」としている。

解答　ウ

問題 67. シンギュラリティに関する以下のアからエまでの記述のうち、最も<u>適切ではないもの</u>を１つ選びなさい。

ア.「シンギュラリティ」は、「変容点」と訳され、AI の世界では「技術的変容点」のことを指す。

イ. アメリカのレイ・カーツワイル氏の提唱したシンギュラリティは、「テクノロジーが急速に変化し、それにより甚大な影響がもたらされ、人間の生活が後戻りできないほどに変容してしまうような、来るべき未来のこと」である。

ウ. レイ・カーツワイル氏は、その著書でシンギュラリティが 2045 年に到来するとしている。

エ.「シンギュラリティ」の語は、「コンピュータの知能が人間を超えるとき」といった意味で使われることもある。

解説　シンギュラリティ

ア不適切。「シンギュラリティ」は、「特異点」と訳され、AI の世界では「技術的特異点」のことを指す。

イ適　切。氏は、「テクノロジーが急速に変化し、それにより甚大な影響がもたらされ、人間の生活が後戻りできないほどに変容してしまうような、来るべき未来のこと」をシンギュラリティとしているが、現在はシンギュラリティの語は、「コンピュータの知能が人間を超えるとき」という意味で使われることも多い。

ウ適　切。氏は、「シンギュラリティは近い」で「2040 年代の中盤には、1000 ドルで買えるコンピューティングは 1026cps に到達し、1 年間に創出される知能（合計で約 1012 ドルのコストで）は、今日の人間のすべての知能よりも約 10 億倍も強力になる」として、こうした理由からシンギュラリティが 2045 年に到来するとしている。

エ適　切。平成 28 年版情報通信白書には、「（前略）さらに、その先には、ICT が人間の知能を超える境界、技術的特異点（シンギュラリティ：Singularity）が来ると予想されている。」とある。

解答　ア

第2章　ビッグデータ

問題68.「令和元年版情報通信白書」に示されている、ビッグデータを特徴づける「4V」の概念に関する記述として、より<u>適切な</u>ものを以下のア・イのうち1つ選びなさい。

ア.「velocity」は、「速度」のことである。

イ.「veracity」は、「多様性」のことである。

解説　ビッグデータ

ア適　切。記述の通り。ビッグデータの特徴を表す「4V」は、「volume（量）」、「variety（多様性）」、「velocity（速度）」、「veracity（正確性）」である。

イ不適切。「veracity」は、「正確性」のことである。

解答　ア

問題 69. ビッグデータに関する記述として、より<u>適切な</u>ものを以下のア・イのうち1
つ選びなさい。

ア．ビッグデータの利活用において、ビッグデータを収集するための主な手段
　　が IoT であり、ビッグデータを分析・活用するための手段が AI である。

イ．ビッグデータの特徴を表す「4V」の概念に「variety」を加えて「5V」を
　　ビッグデータの特徴とする考え方がある。

解説　ビッグデータ

ア適　切。記述の通り。

イ不適切。ビッグデータの特徴を表す「4V」の概念に「value（価値）」を加え
　　　　　て「5V」をビッグデータの特徴とする考え方がある。「4V」は、
　　　　　「volume（量）」、「variety（多様性）」、「velocity（速度）」、「veracity
　　　　　（正確性）」である。

解答　ア

問題 70. ビッグデータに関する記述として、より<u>適切な</u>ものを以下のア・イのうち１つ選びなさい。

ア．M2M データとは、個人の属性に係るデータのことで、個人の属性情報、移動・行動・購買履歴、ウェアラブル端末から収集された個人情報、特定の個人を識別できないように加工された人流情報、商品情報などを指す。

イ．オープンデータとは、国、地方公共団体及び事業者が保有する官民データのうち、国民誰もがインターネット等を通じて容易に利用（加工、編集、再配布等）できるよう公開されたデータのことである。

解説　ビッグデータ

ア不適切。記述は「パーソナルデータ」のことである。M2M データとは「Machine to Machine データ」の略称であり、IoT 機器から収集され、サーバなどの機器に保存されるデータである。工場等の生産現場における IoT 機器から収集されるデータや橋梁に設置された IoT 機器からのセンシングデータなどが挙げられる。

イ適　切。記述の通り。オープンデータとは、国、地方公共団体及び事業者が保有する官民データのうち、国民誰もがインターネット等を通じて容易に利用（加工、編集、再配布等）できるよう、次のいずれの項目にも該当する形で公開されたデータと定義されている。
　　　①　営利目的、非営利目的を問わず二次利用可能なルールが適用されたもの
　　　②　機械判読に適したもの
　　　③　無償で利用できるもの

解答　イ

83

問題 71. ビッグデータに関する以下のアからエまでの記述のうち、最も適切ではないものを１つ選びなさい。

ア．オープンデータは、国や地方自治体が保有するデータをオープン化して、個人や企業等広く一般へ提供される。

イ．P2P データについては、企業が直接的に収集する他、個人が有するさまざまな機器から計測されるデータを収集し、付加価値をつけて財やサービスに変換し、企業、個人、政府へ提供される。

ウ．パーソナルデータについては、個人から企業へ提供され、企業は個人に対して、あるいは企業間を経由したビジネス形態を通じて財・サービス等を提供する。

エ．匿名加工されたパーソナルデータは、企業間のデータ連携やデータ関連ビジネスの基盤となる。

解説　ビッグデータ

ア適　切。「企業や個人が保有するデータをオープン化して、国や地方自治体へ提供」が誤りで、正しくは「国や地方自治体が保有するデータをオープン化して、個人や企業等広く一般へ提供」である。オープンデータは、国や地方自治体（近年は企業も）が保有するデータをオープン化して、個人や企業等広く一般へ提供される。

イ不適切。「P2P データ」が誤りで、正しくは「M2M データ」である。M2M データについては、企業が直接的に収集する他、個人が有するさまざまな機器（ICT デバイス、自動車、自宅等）から計測されるデータを収集し、付加価値をつけて財やサービスに変換し、企業（B to B）、個人（B to C / B to B to C）、政府（B to G）へ提供される。

ウ適　切。パーソナルデータについては、個人から企業へ提供され、企業は個人に対して B to C あるいは企業間を経由した B to B to C 等のビジネス形態を通じて財・サービス等が提供される。

エ適　切。M2M データや匿名加工されたパーソナルデータについては、企業間のデータ連携やデータ関連ビジネス（B to B）の基盤となる。

解答　イ

問題 72. データサイエンスとデータサイエンティストに関する以下のアからエまで
の記述のうち、最も<u>適切な</u>ものを 1 つ選びなさい。

ア．データサイエンスにおけるデータとは、第 3 次産業革命による産業構造の
変化の進展や、5G による膨大なデータの収集により、より大きな価値を
持つようになったデータのことである。

イ．一般社団法人 データサイエンティスト協会は、「データサイエンティスト」
を「データサイエンス力、データエンジニアリング力をベースにデータを
整理し、ビジネス課題を分析するプロフェッショナル」と定義している。

ウ．データサイエンティスト協会は、データサイエンティストに必要とされる
能力として、データサイエンス力、データエンジニアリング力、データマ
イニング力の 3 つを挙げている。

エ．多くの企業においてデータサイエンティストに対する需要が高まっており、
その実践的な知見を企業活動等に反映させ、即戦力として活躍することが
求められている。

解説　データサイエンス

ア不適切。「第3次産業革命による」が誤りで、正しくは「第4次産業革命による」である。データサイエンスにおけるデータとは、IoT、ビッグデータ、ロボット、AI 等による技術革新を背景とした第4次産業革命による産業構造の変化の進展や、5G による膨大なデータの収集により、より大きな価値を持つようになったデータのことである。

イ不適切。データサイエンティスト協会は、「データサイエンティスト」を「データサイエンス力、データエンジニアリング力をベースにデータから価値を創出し、ビジネス課題に答えを出すプロフェッショナル」と定義している。

ウ不適切。「データマイニング力」が誤りで、正しくは「ビジネス力」である。データサイエンティスト協会は、データサイエンティストに必要とされるスキルセット（能力）として以下の「3つのスキルセット」を定義している。
　・データサイエンス
　　情報処理、人工知能、統計学などの情報科学系の知恵を理解し、使う力
　・データエンジニアリング
　　データサイエンスを意味のある形に使えるようにし、実装、運用できるようにする力
　・ビジネス力
　　課題背景を理解した上で、ビジネス課題を整理し、解決する力

エ適　切。記述の通り。

解答　エ

第3章　IoT

問題 73. IoT に関する記述として、より<u>適切な</u>ものを以下のア・イのうち 1 つ選びなさい。

ア．無線を用いる IoT デバイスの用途は多岐にわたっているが、電波の特性や規格により、使用するにあたっての制約条件は少ない。

イ．IoT のセキュリティ対策は、デバイスの開発者が考えることになるが、さまざまな分野の事業者の連携や業界基準、あるいは個人情報やプライバシー情報の取り扱いなどにおいては制度や規制が必要になる。

解説　IoT

ア不適切。無線を用いる IoT デバイスは、消費電力や電波の特性等の制約条件が多いことから、単一の通信技術や規格でニーズ全てに応えることが困難な状況であり、多様なニーズに対応すべく 5G をはじめとする様々な通信技術や規格が考案・開発されている。

イ適　切。IPA の「IoT 開発におけるセキュリティ設計の手引き」には、以下のようにある。

IoT の描く世界では、以下のような固有の様々な課題が存在しており、それらが対応を困難にしている。

(1) ネットに繋がる脅威をこれまで考慮してなかった分野の機器の接続が想定される

(2) 生命に関わる機器やシステムが繋がることが想定される

(3) 「モノ」同士が、無線等で自律的に繋がることが想定される

(4) 「モノ」のコストの観点から、セキュリティ対策が省かれることが想定される

(5) ネットを介して収集される情報の用途は、「モノ」側では制御が困難であり、バックエンドにあるシステムやクラウドサービス側での管理範囲となる

(6) つながる世界を拡げていくためには、「モノ」同士の技術的（通信プロトコル、暗号、認証等）、およびビジネス的な約束事が不可欠となってくる

このうち、課題(1)(2)(3)(4)については、「モノ」におけるセキュリティ対策を「モノ」の開発者が考えることになるが、課題(5)(6)に対しては、様々な分野の事業者の連携や業界基準、あるいは個人情報やプライバシー情報の取り扱いなどにおいては制度や規制が必要になってくるものと考えられる。

解答　イ

問題 74. IoT に関する以下のアからエまでの記述のうち、最も適切ではないものを1つ選びなさい。

ア．IoT のシステムの構成は大きく分けて、「IoT デバイス」、「IoT ゲートウェイ」、「AI」の３つの要素に分類される。

イ．「令和３年版情報通信白書」には、世界の IoT デバイス数の動向がカテゴリ別に示されており、2020 年時点で稼動数が多いカテゴリは、スマートフォンや通信機器などの「通信」となっているが、他のカテゴリと比較した場合、相対的に低成長が予想されている。

ウ．「令和３年版情報通信白書」では、世界の IoT デバイス数について、「医療」、スマート家電や電子機器などの「コンシューマー」、「産業用途」「自動車・宇宙航空」の高成長を予想している。

エ．「IoT」は、「Internet of Things」の略である。

解説　IoT

ア不適切。「AI」が誤りで、正しくは「IoT クラウド・データベース」である。IoT のシステムの構成は大きく分けて、「IoT デバイス」、「IoT ゲートウェイ」、「クラウド・データベース」の３つの要素に分類される。「クラウド・データベース」は、IoT デバイスから収集したデータの蓄積や分析を行う。

イ適　切。「令和３年版情報通信白書」によると、2020 年時点で稼動数が多いカテゴリは、スマートフォンや通信機器などの「通信」となっている。ただし、すでに市場が飽和状態であることから、他のカテゴリと比較した場合、相対的に低成長が予想されている。

ウ適　切。「令和３年版情報通信白書」で高成長が予想されているのは、デジタルヘルスケアの市場が拡大する「医療」、スマート家電や IoT 化された電子機器が増加する「コンシューマー」、スマート工場やスマートシティが拡大する「産業用途」（工場、インフラ、物流）、コネクテッドカーの普及により IoT 化の進展が見込まれる「自動車・宇宙航空」である。

エ適　切。記述の通り。

解答　ア

問題 75. LPWA に関する以下のアからエまでの記述のうち、最も<u>適切ではないもの</u>を１つ選びなさい。

ア．LPWA とは、「Low Power Wide Area」の略で、IoT 向けの通信技術の総称である。

イ．LPWA の特徴として、低消費電力であるが、伝送速度は、数 Mbps〜数百 Mbps 程度が可能であることが挙げられる。

ウ．LPWA は、広域通信が可能なことがメリットであり、数 km から数十 km もの通信が可能である。

エ．LPWA の代表的な規格として、Wi-SUN、NB-IoT、LoRaWAN、Sigfox が挙げられる。

解説　LPWA

ア適　切。記述の通り。LPWA とは、電力消費が小さく広域の通信が可能な IoT 向けの通信技術の総称である。

イ不適切。LPWA の伝送速度は、数 kbps〜数百 kbps 程度で低速である。音声や動画の伝送には適していない。

ウ適　切。記述の通り。一般的な電池で数年から数十年にわたって運用可能で、数 km から数十 km もの通信が可能な広域性を有しているため、山林や河川の監視など、電池交換が容易ではない場所での使用に適している。

エ適　切。記述の通り。LPWA の代表的な規格として、Wi-SUN(ワイサン)、NB-IoT（エヌビーアイオーティー）、LoRaWAN（ローラワン）、Sigfox（シグフォックス)が挙げられる。通信事業者が提供する「セルラー系」と免許不要な「非セルラー系」に大別される。

解答　イ

問題76. IoT に関する以下のアからエまでの記述のうち、最も適切ではないものを
　　　　1つ選びなさい。

ア．IoT とは、「Internet of Things」の略であり、IoT の実現は、インターネッ
　　トに多様かつ多数の物が接続され、及びそれらの物から送信され、又はそ
　　れらの物に送信される大量の情報の円滑な流通が国民生活及び経済活動
　　の基盤となる社会の実現とされている。

イ．「令和3年版情報通信白書」には、世界の IoT デバイス数の動向が示され
　　ており、2016 年から 2020 年のデータにおいて、世界の IoT デバイスの稼
　　働数が伸び続け、約 1.5 倍になっている。

ウ．IoT デバイスの用途は多岐にわたっており、特に無線を用いる IoT デバイ
　　スは、消費電力や電波の特性等の制約条件が多いことから、多様なニーズ
　　に対応すべく、5G、6G をはじめとする様々な通信技術や規格が考案・開
　　発されている。

エ．パソコンやサーバを狙うサイバー攻撃は、増加を続けているが、IoT 機器
　　は技術が新しいためセキュリティ対策が強固なものが多く、サイバー攻撃
　　を受けづらいことがサイバー攻撃の観測データからも見てとれる。

解説　IoT

ア適　切。記述の通り。記述は、特定通信・放送開発事業実施円滑化法の附則
　　　　5条2項1号のものである。

イ適　切。記述の通り。2016 年に 173.2 憶台、2020 年に 253.0 憶台に伸びて
　　　　いる。

ウ適　切。記述の通り。スマート工場やスマートシティなどの産業用途（工場、
　　　　インフラ、物流）の IoT の進展も見込まれている。

エ不適切。近年、IoT 機器を狙うサイバー攻撃が急増しており、大きな原因は、
　　　　性能が限定されている、設置後あまり管理されない、長期間使用さ
　　　　れているといったことである。IoT 機器で特に狙われやすいのは、
　　　　長期間使用され、保守切れなどで脆弱性が発生しているものである。

解答　エ

問題 77. スマートスピーカーに関する記述として、より<u>適切</u>なものを以下のア・イの
うち 1 つ選びなさい。

ア．Apple のスマートスピーカー「HomePod mini」の AI アシスタントは、
「Siri」である。

イ．Amazon のスマートスピーカー「Amazon Echo」の AI アシスタントは、
「Cortana」である。

解説　IoT

ア適　切。「HomePod mini」の AI アシスタントは、「Siri」である。

イ不適切。「Amazon Echo」の AI アシスタントは、「Alexa」である。「Cortana」
は、マイクロソフトの Windows 用 AI アシスタントである。

解答　ア

問題 78. スマート家電に関する以下のアからエまでの記述のうち、最も<u>適切な</u>もの
を１つ選びなさい。

ア. 消費者庁の「AI 利活用ハンドブック」には、出荷後も利用状況等の学習を
続けるスマート家電は、学習により性能が高くなっていき、購入時より低
下はしないことが記載されている。

イ. 情報受信型のスマート家電とは、例えば、離れて暮らしている家族のス
マートフォン等へ使用状況が伝達される独居老人の家電のようなものを
いう。

ウ. 過去には、スマート家電の使用による火災が発生した事例が報告されてお
り、取扱説明書等に記載されている使用条件や注意点をよく読み、危険な
状態とならないように注意する必要がある。

エ. スマート家電を使うためには、必ず既存の機器を対応機器に買い替える必
要がある。

| 解説　スマート家電 |

ア不適切。消費者庁の「AI 利活用ハンドブック」には、出荷後も利用状況等の学習を続けるスマート家電の場合、学習するデータによっては、性能が高くも低くもなると記載されており、不要な時にエアコンが自動運転し、電気代がかかる例が挙げられている。

イ不適切。情報受信型のスマート家電とは、外出先からスマートフォンを通して家電を動作させるもの、例えばエアコンのオンオフ、BD レコーダーの録画予約、ロボット掃除機の留守中のコントロールなどが典型である。離れて暮らしている家族のスマートフォン等へ動作状況が伝達されるような家電は、「情報発信型」である。家電を操作するとその情報がスマートフォンに送信され、離れて暮らす老親の日常の無事を知ることができる「見守りサービス」機能つきの電気ポット、冷蔵庫（ドアの開閉）、電球などが挙げられる。

ウ適　切。経済産業省「令和元年度　産業保安等技術基準策定研究開発等事業（電気用品等製品の IoT 化等による安全確保の在り方に関する動向調査）報告書」には、ロボット掃除機が電機ストーブを押して火災が発生した事例が記されている。

エ不適切。スマート家電を使うためには、必ずしも既存の機器を対応機器に買い替える必要はない。既存の家電であってもリモコンで操作している家電であれば、「スマートリモコン」を利用することでそのままスマート化することができる場合もある。

解答　ウ

問題 79. ウェアラブル端末に関する次の文章中の（　　）に入る、より<u>適切な語句</u>を
以下のア・イのうち１つ選びなさい。

ウェアラブル端末の用途は、①心身に関する情報収集、②（　　　）、
③入力・運動支援に大別される。

ア．大容量データの保存管理

イ．位置や速度に関する情報収集

解説　ウェアラブル端末

　　ウェアラブル端末の用途の一つに「位置や速度に関する情報収集」がある。
位置や速度に関する情報収集を行うウェアラブル端末では、利用者自身の位置
や移動速度を計測することができる。

ウェアラブル端末の用途は、①心身に関する情報収集、②<u>位置や速度</u>
<u>に関する情報収集</u>、③入力・運動支援に大別される。

解答　イ

問題 80. ウェアラブル端末に関する以下のアからエまでの記述のうち、最も<u>適切ではないもの</u>を１つ選びなさい。

ア．ウェアラブル端末の実用化・商用化が進んだ背景の一つに、クラウドの普及やデータ解析技術の発達が挙げられる。

イ．ウェアラブル端末には、血流の情報を取得するための光センサー、眼球の運動の情報を取得するためのアイトラッカーなど、特徴的なセンシング機能が搭載されている。

ウ．JINS MEME は、身体の動きや温度を感知することができるメガネ型のウェアラブル端末である。

エ．パワードスーツとは、着用することにより身体に負荷をかけ筋力自体を増強させ、増強の記録を管理することもできるウェアラブル端末である。

解説　ウェアラブル端末

ア適　切。ウェアラブル端末の実用化・商用化が進んだ背景の一つに、クラウドの普及やデータ解析技術の発達により、センサーを通じて取得・送信した多種多様なデータをクラウド上で蓄積・分析できるようになったことが挙げられる。

イ適　切。ウェアラブル端末には、用途に応じて特徴的なセンシング機能が搭載されている。心身に関する情報収集でいえば、血流・心拍数の情報を取得するための光センサー、体温の情報を取得するための赤外線センサー、脳波の情報を取得するための頭部電位センサー、眼球の運動の情報を取得するためのアイトラッカーなどがある。

ウ適　切。メガネ型のウェアラブルデバイスの「JINS MEME（ジンズ・ミーム）」は、利用者の眼球の動きや体の動きのセンシングができ、センシングで得られた情報から、集中力や眠気を測定することができる。

エ不適切。パワードスーツは、筋力自体を増強させるものではなく、筋力の補完をするものである。パワードスーツは、主に、人工筋肉や骨格などの機能を持ち、装着者の能力を超えた、または楽に重量物の持ち上げなどの作業を可能にするものである。

解答　エ

第4章　クラウド

問題81.「令和4年通信利用動向調査」(令和5年5月29日) における「クラウドサービスの利用状況 (企業)」に関する記述として、より<u>適切な</u>ものを以下のア・イのうち1つ選びなさい。

ア．令和4年における「クラウドサービス利用の用途」で回答が最も多かったのは、「プロジェクト管理」であった。

イ．令和4年における「クラウドサービスを利用する理由」で回答が最も多かったのは、「場所、機器を選ばずに利用できるから」であった。

解説　クラウド

ア不適切。令和4年における「クラウドサービス利用の用途」で回答が最も多かったのは、「ファイル保有・データ共有」(64.1%)、2番目に回答が多かったのは、「社内情報共有・ポータル」(53.0%) であった。「プロジェクト管理」の回答は14.9%であまり多くはない。

イ適　切。令和4年における「クラウドサービスを利用する理由」で回答が最も多かったのは、「場所、機器を選ばずに利用できるから」(51.1%)、2番目に回答が多かったのは、「資産、保守体制を社内に持つ必要がないから」(42.5%) であった。

解答　イ

問題82. 米国国立標準技術研究所（NIST）が示した、クラウドが満たすべき5つの
基本的な特徴に関する記述として、より<u>適切</u>なものを以下のア・イのうち1
つ選びなさい。

ア.「スピーディな拡張性」は、システムリソースが、需要に応じて数日間の作
業時間で拡大・縮小できることである。

イ.「幅広いネットワークアクセス」は、サービスがネットワークを通じて利用
可能で、標準的な仕組みで接続できることである。

―――――――――――――――――
| 解説　クラウド |
―――――――――――――――――

ア不適切。「数日間の作業時間で」が誤りで、正しくは「即座に」である。「ス
ピーディな拡張性（Rapid elasticity）」は、システムリソースは、
需要に応じて即座に拡大・縮小できることである。クラウドには、
仮想化技術等を活用することによる、ごく短時間でのスケーラビリ
ティ（拡張性）がある。

イ適　切。「幅広いネットワークアクセス（Broad network access）」は、サー
ビスがネットワークを通じて利用可能で、標準的な仕組みで接続で
きることである。クラウドは、インターネット等を通じて、PC や
スマートフォンのブラウザ等の一般的な機器で利用することがで
きる。

| 解答　イ |

問題 83. クラウド AI とエッジ AI に関する記述として、より<u>適切な</u>ものを以下のア・イのうち 1 つ選びなさい。

ア．クラウド AI は、扱うことができる情報量の多さの点で、エッジ AI よりも優れている。

イ．クラウド AI は、タイムラグのないリアルタイムの判断が可能という点で、エッジ AI よりも優れている。

解説　クラウド

ア適　切。クラウド AI は、複雑で高度なデータによる学習・推論などの処理がクラウド上で行われるため、サーバにかかる処理の負荷を抑えることができ、エッジ AI よりも一度に大量の情報を扱うことができる。

イ不適切。タイムラグのないリアルタイムの判断が可能という点で優れているのは、エッジ AI である。エッジ AI の特長として、通信を介さないため、タイムラグのないリアルタイムの判断が可能になることが挙げられ、自動運転、ドローン、監視カメラなどの機能に活かされている。

解答　ア

問題84.「令和5年版情報通信白書」におけるクラウドサービス市場の動向に関する
　　　　以下のアからエまでの記述のうち、最も<u>適切な</u>ものを1つ選びなさい。

ア．世界のパブリッククラウドサービス市場は、2021 年は前年比 28.6%増と
　　なる 45 兆 621 億円となっている。

イ．クラウドサービスの市場シェアをみると、上位の米国5社（Meta Platforms、
　　Amazon、IBM、Salesforce、Google）が全体の約半数を占めており、寡占
　　化の状況にある。

ウ．日本のパブリッククラウドサービス市場は、クラウド環境からオンプレミ
　　スへの移行が進んでいること等を背景に、2022 年は 2 兆 1,594 億円（前
　　年比 29.8%減）にまで減少する見込みである。

エ．日本の PaaS 市場、IaaS 市場では、大手クラウドサービス（AWS、Azure、
　　GCP）の利用率の高さが際立っており、特に、GCP は、PaaS／IaaS 利用
　　企業の半数以上を占めている。

ア適　切。世界のパブリッククラウドサービス市場は、2021 年は 45 兆 621 億円（前年比 28.6%増）となっている。例えば PaaS は、サービスプロバイダが利便性向上を進めており、またユーザーの継続的な利用傾向が強いことから、今後も高い成長が見込まれる。

イ不適切。「Meta Platforms」が誤りで、正しくは「Microsoft」である。2021 年の世界のパブリッククラウドサービス市場のシェアで、Microsoft は 17.1%でトップになっている。以下 Amazon（15.2%）、IBM（6.4%）、Salesforce（4.8%）、Google4.7%が続いている。

ウ不適切。記述が逆である。日本のパブリッククラウドサービス市場は、新型コロナウイルス感染症の影響継続によりオンプレミス環境からクラウドへの移行が進んでいること等を背景に、2022 年は 2 兆 1,594 億円（前年比 29.8%増）にまで増加する見込みである。

エ不適切。「GCP は、PaaS／IaaS 利用企業の半数以上を占めている。」が誤りで、正しくは「AWS は、PaaS／IaaS 利用企業の半数以上を占めている。」である。日本の PaaS 市場、IaaS 市場では、大手クラウドサービス（AWS（Amazon）、Azure（Microsoft）、GCP（Google））の利用率の高さが際立っている。特に、AWS は、PaaS／IaaS 利用企業の半数以上を占めており、1 年前と比較すると 10 ポイント以上増えている。

解答　ア

問題85. クラウドコンピューティングに関する次の文章中の（　　）に入る語句の組合せとして最も適切なものを以下のアからエまでのうち1つ選びなさい。

> クラウドコンピューティングとは、インターネット上のネットワーク、サーバ、ストレージ、アプリケーション、サービスなどを（　a　）して、サービス提供事業者が、利用者に容易に利用可能とするモデルのことである。クラウドコンピューティングには主に（　b　）技術が利用されている。

ア．a．共有化　　　　　　　b．仮想化

イ．a．専有化　　　　　　　b．仮想化

ウ．a．共有化　　　　　　　b．最適化

エ．a．専有化　　　　　　　b．最適化

解説　クラウド

　　クラウドコンピューティングとは、仮想化技術を利用したネットワーク関連サービスのことである。総務省の「国民のための情報セキュリティサイト」の用語説明では「「クラウドコンピューティング」を「インターネット上のネットワーク、サーバ、ストレージ、アプリケーション、サービスなどを共有化して、サービス提供事業者が、利用者に容易に利用可能とするモデルのことです。クラウドコンピューティングには主に仮想化技術が利用されています。」としている。

> クラウドコンピューティングとは、インターネット上のネットワーク、サーバ、ストレージ、アプリケーション、サービスなどを<u>共有化</u>して、サービス提供事業者が、利用者に容易に利用可能とするモデルのことである。クラウドコンピューティングには主に<u>仮想化</u>技術が利用されている。

解答　ア

問題 86. クラウドのサービスモデルに関する記述として、より<u>適切な</u>ものを以下の
ア・イのうち1つ選びなさい。

ア．Google の電子メールサービスである Gmail は、SaaS 型のクラウドサービ
スである。

イ．Google のファイル保存・共有サービスである Google ドライブは、PaaS 型
のクラウドサービスである。

解説　クラウドのサービスモデル

ア適　切。SaaS（Software as a Service）は、インターネットなどを経由して、
アプリケーション機能を提供するサービスであり、Google の電子
メールサービスである Gmail は SaaS に該当する。

イ不適切。Google ドライブも SaaS に該当する。PaaS（Platform as a Service）
とは、ハードウェアやネットワーク機器、および OS と DBMS を
事業者が用意し、それらを利用するための機能を利用者に提供する
サービスである。

解答　ア

問題 87. クラウドのサービスモデルに関する以下のアからエまでの記述のうち、最も適切なものを1つ選びなさい。

ア．IaaS とは、ハードウェアやネットワーク機器を事業者が用意し、それらを利用するための機能を利用者に提供するクラウドサービスである。

イ．SaaS とは、ハードウェアやネットワーク機器、および OS と DBMS を事業者が用意し、それらを利用するための機能を利用者に提供するクラウドサービスである。

ウ．PaaS とは、インターネットなどを経由して、アプリケーション機能を提供するクラウドサービスである。

エ．「令和2年版 情報通信白書」には、今後は、PaaS の成長率が鈍化する一方、IaaS や SaaS のサービスは、引き続き高い成長率を維持するものと予測されている旨が記載されている。

解説　クラウドのサービスモデル

ア適　切。記述の通り。IaaS は、Infrastructure as a Service の略で、利用者は、自分で用意した OS、DBMS およびソフトウェアを利用して情報システムを運用できる。

イ不適切。SaaS は、Software as a Service の略であり、インターネットなどを経由して、アプリケーション機能を提供するクラウドサービスである。記述は、PaaS についての説明である。

ウ不適切。PaaS は、Platform as a Service の略で、ハードウェアやネットワーク機器、および OS と DBMS を事業者が用意し、それらを利用するための機能を利用者に提供するクラウドサービスである。記述は、SaaS の説明である。

エ不適切。記述が逆である。「令和2年版 情報通信白書」には、今後は、IaaS や SaaS の成長率が鈍化する一方、PaaS や CaaS（クラウド上で他のクラウドのサービスを提供するハイブリッド型のサービス）が、引き続き高い成長率を維持するものと予測されている旨が記載されている。

解答　ア

問題 88. IaaS に関する以下のアからエまでの記述のうち、最も<u>適切な</u>ものを 1 つ選びなさい。

ア．IaaS は、「Internet as a Service」の頭文字をとったものである。

イ．IaaS は、ハードウェアやネットワーク機器を事業者が用意し、それらを利用するための機能を利用者に提供するサービスである。

ウ．IaaS を利用する場合、利用者は DBMS およびソフトウェアを用意する必要はない。

エ．IaaS のメリットとして、利用者が OS を自由に設定できるため、利用者に高度な専門知識がなくても構築できることが挙げられる。

解説 IaaS

ア不適切。IaaS は、「Infrastructure as a Service」の頭文字をとったもので、クラウドでインフラを提供するサービスである。

イ適 切。記述の通り。通常、IaaS で提供されるインフラは、仮想化されたものである。

ウ不適切。IaaS を利用する場合、利用者が OS、DBMS およびソフトウェアを用意する必要がある。

エ不適切。IaaS では、利用者が OS やソフトウェアを設定するため、自由な設定であっても高度な専門知識が必要である。

解答　イ

問題 89. パブリッククラウドに関する記述として、より<u>適切な</u>ものを以下のア・イの
　　　　うち 1 つ選びなさい。

　　ア．パブリッククラウドでは、利用料金やサービス内容が公開されており、ク
　　　　ラウド事業者は一般に個々の利用者の要望に応じたカスタマイズに対応
　　　　する。

　　イ．パブリッククラウドの設備はクラウド事業者が構築し、利用者はインター
　　　　ネットを経由した情報の送受信を経てサービスを利用する。

<u>解説　パブリッククラウド</u>

　　ア不適切。パブリッククラウドでは、利用料金やサービス内容が公開されてお
　　　　　　　り、クラウド事業者は一般に個々の利用者の要望に応じたカスタマ
　　　　　　　イズを行わない。

　　イ適　切。記述の通り。

解答　イ

問題 90. プライベートクラウドに関する以下のアからエまでの記述のうち、最も適切ではないものを1つ選びなさい。

ア. プライベートクラウドとは、特定の企業や組織が独自に利用するクラウドのことである。

イ. プライベートクラウドは、同一の組織に属する者にのみ利用機会が開かれている。

ウ. プライベートクラウドの提供者は、その組織自体または運営を委託された外部組織である。

エ. サーバが自組織の敷地外に設置されているクラウドは、プライベートクラウドではない。

解説　プライベートクラウド

ア適　切。記述の通り。プライベートクラウドの利用者は、特定の企業などの同一組織に属する部門や個人である。

イ適　切。記述の通り。

ウ適　切。記述の通り。

エ不適切。プライベートクラウドには、そのサーバを自組織の敷地内に設置するオンプレミス型と、敷地外に設置するホスティング型がある。

解答　エ

問題 91. クラウドの実装モデルに関する以下のアからエまでの記述のうち、最も適切ではないものを１つ選びなさい。

ア．クラウドの実装モデルとは、米国国立標準技術研究所（NIST）が示したクラウドを分類する２つの観点の一つであり、クラウドサービスの利用機会の開かれ方による分類である。

イ．自治体が運営する、地域の福祉施設や医療機関などが情報をアップロードして情報を共有することができる地域包括ケアシステムは、コミュニティクラウドに該当する。

ウ．大学のＡキャンパスとＢキャンパスで別々に設置・運用していた基幹サーバを、統合・仮想化しデータセンターへ移行して運用する形態は、プライベートクラウドに該当する。

エ．Ｃ社のパブリッククラウドサービスであるメールサービスとＤ社のパブリッククラウドサービスであるコンピューティングサービスを組合わせて利用する形態は、ハイブリッドクラウドに該当する。

ア適　切。NIST（米国国立標準技術研究所）は、2009 年の公表資料でクラウ
　　　　ドを分類する観点として、サービスモデル（Service model）と実装
　　　　モデル（Deployment model）の 2 種類を示している。サービスモデル
　　　　は、クラウドサービスの構築・カスタマイズに関する役割分担に
　　　　よる分類で、実装モデルは、クラウドサービスの利用機会の開かれ
　　　　方による分類である。

イ適　切。コミュニティクラウドは、複数の組織、個人で構成される団体など、
　　　　コミュニティ（共同体）で利用するクラウドのことで、特定のコミュ
　　　　ニティ内における情報共有や共同作業のために利用される。

ウ適　切。プライベートクラウドは、特定の企業や組織が独自に利用するクラ
　　　　ウドで、そのサーバを自組織の敷地内に設置する場合（オンプレミ
　　　　ス型）と、敷地外に設置する場合（ホスティング型）がある。

エ不適切。同じ実装モデルのパブリッククラウド同士であっても、AWS と
　　　　Gmail を組み合わせて利用するなど、複数のクラウドサービスを組
　　　　み合わせて利用する形態をマルチクラウドという。

解答　エ

第 5 章　その他の IT 技術

問題 92.　5G に関する記述として、より<u>適切な</u>ものを以下のア・イのうち 1 つ選びなさい。

　ア．5G は、「超高速」、「低価格」、「超低遅延」という 3 つの異なる要求条件に対応することが可能な優れた柔軟性を持つネットワークでもある。

　イ．5G の次の世代の Beyond 5G は、サイバー空間を現実世界と一体化させ、Society5.0 のバックボーンとして中核的な機能を担うことが期待される。

解説　5G

　ア不適切。「低価格」が誤りで、正しくは「多数同時接続」である。5G は、4Gを発展させた「超高速」、多数の機器が同時にネットワークにつながる「多数同時接続」、遠隔地でもロボットなどの操作をスムーズに行うことができる「超低遅延」という 3 つの異なる要求条件に対応することが可能な優れた柔軟性を持つネットワークでもある。

　イ適　切。5G は、生活基盤を超えた社会基盤へと進化すると見込まれるが、その次の世代の Beyond 5G（いわゆる 6G）は、サイバー空間を現実世界（フィジカル空間）と一体化させ、Society5.0 のバックボーンとして中核的な機能を担うことが期待される。

解答　イ

問題 93. GPS に関する記述として、より<u>適切な</u>ものを以下のア・イのうち1つ
　　　　選びなさい。

　ア. GPS は、上空約 2 万 km を周回する GPS 衛星、GPS 衛星の追跡と管制を
　　　行う管制局、測位を行うための利用者の受信機で構成されている。

　イ. GPS からの電波を受けることができない室内や地下では、位置情報を取得
　　　することができない。

<u>解説　GPS</u>

　ア適　　切。GPS は、上空約 2 万 km を周回する GPS 衛星（6 軌道面に 30 個
　　　　　　　配置）、GPS 衛星の追跡と管制を行う管制局、測位を行うための利
　　　　　　　用者の受信機で構成されている。

　イ不適切。モバイル通信事業者は、GPS による位置情報に加えて、携帯電話の
　　　　　　　基地局、Wi-Fi アクセスポイントとの通信状況といった複数の情報
　　　　　　　に基づいて、モバイル端末の位置を特定している。GPS からの電波
　　　　　　　を受けることができない室内や地下であっても、位置情報を取得す
　　　　　　　ることはできる。

　　　　　　　　　　　　　　　　　　　　　　　　　　　　　　　解答　ア

問題 94. 量子コンピュータに関する記述として、より<u>適切な</u>ものを以下のア・イ
のうち１つ選びなさい。

ア. 量子コンピュータは、原子以下の微視的な粒子が同時に複数の状態で存在
できるという特性などを利用したコンピューティングシステムである。

イ. 量子コンピュータには、従来のコンピュータのような誤り訂正機能がある。

解説　量子コンピュータ

ア適　切。量子コンピュータは、量子の物理的な動きや振舞い（原子以下の微
視的な粒子が同時に複数の状態で存在できるという特性）を利用し
たコンピューティングシステムである。

イ不適切。量子コンピュータでは、多数の可能性の重ね合わせの中からもっとも
らしい答えを高確率で得ることが可能であるが、古典コンピュータ
（従来の電磁気学の原理を利用したコンピュータ）のように誤り訂正
機能がなく、現在は、誤り率を可能な限り減らし、同じ計算を何度も
繰り返し行うことで誤った解を除外する方法がとられている。

解答　ア

問題95. 5G に関する以下のアからエまでの記述のうち、最も<u>適切ではないもの</u>を１つ選びなさい。

ア. 5G は、「超高速」、「多数同時接続」、「超低遅延」という３つの異なる要求条件に対応することが可能な優れた柔軟性を持つネットワークである。

イ. 5G とは、第５世代移動通信システムのことで、「5th Generation」の略称である。

ウ. 5G の実現のための技術の一つである、ネットワーク層を仮想的に薄切りにして別の層とする技術を、「MEC」という。

エ. 5G の次の世代の「Beyond 5G」は、サイバー空間を現実世界（フィジカル空間）と一体化させ、Society5.0 のバックボーンとして中核的な機能を担うことが期待される。

解説 5G

ア適 切。5G は、「超高速」、「多数同時接続」、「超低遅延」という３つの異なる要求条件に対応することが可能な優れた柔軟性を持つ。この３つの特長をもって、IoT 時代に多種多様なネットワークを包含する総合的な ICT 基盤として、様々な産業・分野において実装され、業務の効率化や新たなサービスの創出など、従来の移動通信システム以上に大きな社会的インパクトを及ぼすものと期待されている。

イ適 切。記述の通り。

ウ不適切。5G の実現のための技術の一つである、ネットワーク層を仮想的に薄切りにして別の層とする技術を、「ネットワークスライシング」という。スライスされたネットワークはモバイルでの高速大容量ダウンロード、自動運転に必要な低遅延、複数デバイスでの多接続など、異なる様々な要件に合わせて構築される。MEC は、「Multi access Edge Computing」の略で、ユーザの使うデバイスにより近い場所にサーバーの代わりをするコンピューターを置くことによって、通信の効率化を図る技術である。

エ適 切。5G の次の世代の Beyond 5G（いわゆる 6G）は、サイバー空間を現実世界（フィジカル空間）と一体化させ、Society5.0 のバックボーンとして中核的な機能を担うことが期待される。

解答 ウ

問題 96. ローカル 5G に関する以下のアからエまでの記述のうち、最も<u>適切では</u>ないものを１つ選びなさい。

ア．ローカル 5G とは、主に建物内や敷地内での利活用について個別に構築される 5G システムである。

イ．ローカル 5G には、他の場所の通信障害や災害などの影響を受けにくいメリットがある。

ウ．ローカル 5G は、Wi-Fi と比較すると、安定性に欠けるデメリットがある。

エ．携帯事業者等のサービスの補完としてローカル 5G を用いることは禁止されている。

解説　ローカル 5G

ア適　切。ローカル 5G は、携帯電話事業者により提供される全国的なサービスとは異なり、主に建物内や敷地内での利活用について個別に構築される 5G システムである。

イ適　切。ローカル 5G は、携帯電話事業者によるエリア展開が遅れる地域における 5G システムの先行構築、使用用途に応じて必要となる性能の柔軟な設定を可能とし、他の場所の通信障害や災害などの影響を受けにくいメリットがある。

ウ不適切。ローカル 5G は、無線局免許に基づく（免許に基づき無線の周波数を独占的に利用することが可能）安定的な利用が可能となる。

エ適　切。携帯事業者等によるローカル 5G の免許取得は不可とされているが、ローカル 5G の免許主体を携帯事業者等が支援することは認められている。ただし、携帯事業者等のサービスの補完としてローカル 5G を用いることは禁止されている。

解答　ウ

問題 97. 量子コンピュータに関する以下のアからエまでの記述のうち、最も適切なものを1つ選びなさい。

ア．量子コンピュータの計算単位は、「ビット」である。

イ．量子コンピュータは、「重ね合わせ」や「量子もつれ」といった量子力学的な現象を用いて従来のコンピュータでは解くことが容易でなかった複雑な問題を解くことができる。

ウ．量子コンピュータの「量子アニーリング方式」は、従来から研究されている量子の重ね合わせの原理を用いた方式であり、その実用化にはまだ時間がかかるとされている。

エ．量子コンピュータの「量子ゲート方式」は、重ね合わせの原理などの量子効果を徐々に変化させることでエネルギーの最も低い状態を最適解として得るものである。

解説　量子コンピュータ

ア不適切。量子コンピュータの計算単位は、「ビット」ではなく、「量子ビット」である。量子コンピュータでは、量子力学の基本性質である「0と1の両方を重ね合わせた状態」をとる「量子ビット」を使う。量子ビットでは量子の「0と1の両方を重ね合わせた状態」＝「0であり、かつ1である」という状態を利用して計算する。

イ適　切。記述の通り。

ウ不適切。「量子アニーリング方式」は、重ね合わせの原理などの量子効果を徐々に変化させることでエネルギーの最も低い状態を最適解として得るものである。さまざまな制約のある中で最適な組み合わせを求める計算である「組合せ最適化問題」に特化した量子アニーリング方式が、すでに実用化されている。本肢の記述は、「量子ゲート方式」のものである。

エ不適切。量子コンピュータの「量子ゲート方式」は、従来から研究されている量子の重ね合わせの原理を用いた方式であり、その実用化にはまだ時間がかかるとされている。本肢の記述は、「量子アニーリング方式」のものである。

解答　イ

問題 98. Web3 に関する以下のアからエまでの記述のうち、最も<u>適切ではない</u>もの
を 1 つ選びなさい。

ア．Web3 は、従来の中央集権型のウェブと異なり、ユーザーは中央集権的な
システムに頼ることなく、自己主体的にアクセスや参加が可能になる。

イ．Web3 では、ブロックチェーン技術が採用されており、分散型台帳によっ
て情報が管理される。

ウ．Web3 では、ユーザーは自分のデータの利用についてより自由に選択する
ことができるようになり、自分のデータがどのように活用されるかを自分
自身で決めることが可能になる。

エ．Web3 では、スマートコントラクトが利用され、契約や取引は、信頼でき
る仲介者を介することで実行される。

解説 Web3

ア適 切。Web3 は、従来の中央集権型のウェブと異なり、分散型のアーキテ
クチャを採用しているため、ユーザーは中央集権的なシステムに頼
ることなく、自己主体的にアクセスや参加が可能になる。

イ適 切。記述の通り。これにより、決済における記録の改竄や不正アクセス
を防ぎ、高いセキュリティが確保される。

ウ適 切。Web2.0 では中央集権的なプラットフォームが支配的で、ユーザー
はデータをこれらのプラットフォームに預けることが一般的で
あった。例えば、SNS やメールサービスなどの企業は、ユーザーの
データを一元管理し、それらのデータを分析して広告等で利益を得
ていた。Web3 では分散型技術が導入され、ユーザーのデータは中
央集権的なプラットフォームではなく、分散されたネットワーク上
で管理されることになり、ユーザーは自分のデータの利用について
より自由に選択することが可能になる。

エ不適切。スマートコントラクトは、「自己実行可能な契約」の意味である。従
来、契約や取引は、信頼を提供する仲介者を介することで実行して
いたが、スマートコントラクトでは第三者を介する必要がない。事
前に定めた条件が満たされれば、仲介者なしに自動的にプログラム
が実行される。

解答 エ

問題 99. Web3 に関する次の文章中の（　）に入る語句として最も<u>適切な</u>もの
を以下のアからエまでのうち1つ選びなさい。

> （　）とは、ブロックチェーン上で運営される分散型自律組織のこ
> とである。代表者が存在せず、参加者が決められたルールに従って自
> 動運用が可能になり、フラットな環境で意思決定が行われることが特
> 徴である。

ア．DAO

イ．DApps

ウ．DEX

エ．NFT

解説　Web3

　DAO（Decentralized Autonomous Organization）とは、ブロックチェー
ン上のスマートコントラクトで運営される、分散型自律組織のことである。

> <u>DAO</u>とは、ブロックチェーン上で運営される分散型自律組織のことで
> ある。代表者が存在せず、参加者が決められたルールに従って自動運
> 用が可能になり、フラットな環境で意思決定が行われることが特徴で
> ある。

　DApps（Decentralized Applications）とは、ブロックチェーン上でスマート
コントラクトを利用して自動で実行できる分散型アプリケーションのことで
ある。

　DEX（Decentralized Exchange）とは、ブロックチェーン上において、中央
管理者なしで金融資産の取引を行うことができる分散型取引所のことである。

　NFT（Non Fungible Token：非代替性トークン）とは、ブロックチェーンを
使ってその唯一性を証明される代替の効かないデジタルデータ、およびその技
術のことを指す。

解答　ア

第6章　情報セキュリティ

問題100. 次の文章が示しているサイバー攻撃の名称として、より<u>適切</u>なものを以下
　　　　のア・イのうち1つ選びなさい。

○○県の公立病院がサイバー攻撃を受け、電子カルテ等、病院内のデー
タが暗号化され、利用不能になり、その後2か月間に及んで、治療行為
を含む正常な病院業務が滞った。病院側は、攻撃者からの要求に対する
方針として、データが完全に復旧する保証はないことや、警察からの指
導、さらに犯人側への資金提供を行うことが自治体の姿勢として理解を
得られないと自治体の首長から申し出があったことなどから、身代金を
支払わない方針を決定した。

ア．スパイウェア

イ．ランサムウェア

解説　サイバー攻撃

　「ランサムウェア」は、ウイルスの一種で、PCやサーバ、スマートフォンが
このウイルスに感染すると、保存されているデータが暗号化されて利用できな
くなったり、画面がロックされて端末が利用できなくなったりする。その復旧、
暴露の取り消しに金銭を要求する被害が多発している。

解答　イ

問題 101. 不正かつ有害な動作を起こす意図で作られた、悪意のあるコンピュータプログラム等に関する以下のアからエまでの記述のうち、最も<u>適切</u>なものを１つ選びなさい。

ア．コンピュータウイルスには、広義と狭義の定義があり、広義の定義は、自己伝染機能・潜伏機能・発病機能のいずれかをもつ加害プログラムのことを指す。

イ．ボットとは、不正かつ有害な動作を起こす意図で作られたコンピュータウイルス、スパイウェアなど、悪意のあるプログラムの総称である。

ウ．マルウェアとは、コンピュータ内部からインターネットに対して情報を送り出すソフトウェアの総称である。

エ．スパイウェアとは、コンピュータを外部から遠隔操作するための加害プログラムのことである。

解説　悪意のあるコンピュータプログラム

ア適　切。コンピュータウイルスには、広義と狭義の定義があり、広義の定義は、自己伝染機能・潜伏機能・発病機能のいずれかをもつ加害プログラムのことを指す。狭義の定義は、他のファイルやシステムに寄生・感染（自己複製）する機能をもつプログラムのことである。

イ不適切。ボットとは、コンピュータを外部から遠隔操作するためのコンピュータウイルスのことである。本肢はマルウェアの説明である。

ウ不適切。マルウェアとは、不正かつ有害な動作を起こす意図で作られたコンピュータウイルス（ウイルス）、スパイウェア、ボットなど、悪意のあるプログラムの総称である。本肢はスパイウェアの説明である。

エ不適切。スパイウェアとは、コンピュータ内部からインターネットに対して情報を送り出すソフトウェアの総称である。本肢はボットの説明である。

解答　ア

問題 102. ソーシャルエンジニアリングに関する以下のアからエまでの記述のう
　　　　ち、最も<u>適切</u>なものを１つ選びなさい。

ア．ネットワークに侵入する際の事前の情報収集として、ごみ箱に捨てられた
　　資料から、サーバやルータなどの設定情報を探し出すのは、スキャベンジ
　　ングである。

イ．カフェでノートパソコンを開いて仕事をしている人の横から画面を覗き見
　　る行為は、対象が社外で仕事をしている人であるため、ソーシャルエンジ
　　ニアリングではない。

ウ．テレワークで近くに上司などがいないことを利用し、システム部門のメン
　　バーを装って電話をかけ、システム変更に必要などという理由付けをして
　　パスワードを聞き出すことは、ショルダハッキングである。

エ．自分のパスワードを忘れたと嘘をつき、同僚がログインしているシステム
　　を使わせてもらう行為は、トラッシングである。

解説　ソーシャルエンジニアリング

ア適　切。ネットワークに侵入する際の事前の情報収集として、ごみ箱に捨て
　　　　　られた資料（紙や記憶媒体）から、サーバやルータなどの設定情報、
　　　　　ネットワーク構成図、IP アドレスの一覧、ユーザ名やパスワードと
　　　　　いった情報を探し出すのは、スキャベンジング（トラッシング）と
　　　　　いうソーシャルエンジニアリングである。

イ不適切。本肢の行為はショルダハッキングに当たり、対象が社外で仕事をし
　　　　　ている人であってもソーシャルエンジニアリングである。

ウ不適切。ショルダハッキングとは、パスワードなどの重要な情報を入力して
　　　　　いるところを後ろから近づいて、覗き見る方法である。本肢の行為
　　　　　は、「なりすまし」というソーシャルエンジニアリングである。

エ不適切。トラッシングは、ゴミ箱をあさるなどして破棄した書類やメモから
　　　　　情報を収集するものであり、この例はトラッシングではなく、同僚
　　　　　を騙すソーシャルエンジニアリングである。

解答　ア

問題 103. 総務省の「サイバーセキュリティ対策情報開示の手引き」（令和元年 6 月）における「緊急対応体制の整備」に示されている記述として、より適切なものを以下のア・イのうち 1 つ選びなさい。

ア. 影響範囲や損害の特定、被害拡大防止を図るための初動対応、再発防止策の検討を速やかに実施するための組織内の対応体制である CSIRT を整備する。

イ. 被害発覚後の通知先や開示が必要な情報を把握するとともに、経営者に対して説明することができる体制を整備する。

解説　CSIRT

ア適　切。CSIRT は、「Computer Security Incident Response Team」の略であり、コンピュータセキュリティにかかるインシデントに対処するための組織の総称で、インシデント関連情報、脆弱性情報、攻撃予兆情報を常に収集、分析し、対応方針や手順の策定などの活動を行う。

イ不適切。「経営者に対して説明することができる体制」が誤りで、正しくは「情報開示の際に経営者が組織の内外へ説明ができる体制」である。被害発覚後の通知先や開示が必要な情報を把握するとともに、情報開示の際に経営者が組織の内外へ説明ができる体制を整備する。

解答　ア

問題 104.　SSL／TLS に関する以下のアからエまでの記述のうち、最も<u>適切では</u><u>ない</u>ものを 1 つ選びなさい。

ア．SSL／TLS は、インターネット上で情報を暗号化して送受信するためのプロトコルのことであり、「Secure Socket Layer／Transport Layer Security」の略称である。

イ．SSL／TLS と表記されるが、現在は、TLS に代わって、後継の SSL が使われることが一般的であり、両方が使用されているという意味ではない。

ウ．HTTPS は、ウェブサーバとブラウザ間でデータをやりとりするための HTTP に SSL／TLS の暗号化機能を付加したものである。

エ．サーバが SSL と TLS のどちらかを使用している場合、サーバの証明書の表記は、通常「SSL サーバ証明書」である。

解説　SSL／TLS

ア適　切。記述の通り。EC サイトなど、インターネットで個人情報や機密情報をやりとりする際に使用されている。

イ不適切。現在は、SSL に代わって、後継の TLS が使われることが一般的である。

ウ適　切。HTTPS は、通常の HTTP に SSL／TLS の暗号化プロトコルを組み合わせたものであり、SSL／TLS により、データがインターネット上で安全に伝送されることが保証される。

エ適　切。「SSL サーバ証明書」は、正式には「SSL／TLS サーバー証明書」という。「SSL／TLS サーバー証明書」は、SSL／TLS の技術を用いて「認証局(CA)」が発行する電子証明書のことである。肢イ解説の通り、現在は、SSL に代わって、後継の TLS が使われることが一般的であるが、過去に使われていたことから、現在でも名称に「SSL サーバー証明書」「SSL 証明書」と表記されるケースが多い。

解答　イ

問題 105. 個人情報保護法に関する記述として<u>適切な</u>ものを以下のア・イのうち1つ選びなさい。

ア. 個人情報保護法は、取り扱う個人情報の数が 5,000 人分以上の事業者を対象とする法律である。

イ. 個人情報保護法が施行されるまでは、個人情報を保護する法律はなかった。

解説　個人情報保護法

ア不適切。個人情報保護法は、取り扱う個人情報の数にかかわらず、個人情報を扱うすべての事業者を対象とする法律である。2017 年の改正法の施行により、取り扱う個人情報の数の要件がなくなった。

イ適　切。個人情報保護法が施行されるまでは、情報化社会が進むにつれて、例えば、クレジットカードの番号やその他の暗証番号等が流出し、悪用されるケースが増加してきたにもかかわらず、個人情報を保護する法律はおろか、個人情報とは何かを定めた法律もなかった。そのため、個人情報に関する定義や外部流出による不正・悪用の防止を目的とした個人情報保護法が、2005 年 4 月に施行された。

解答　イ

問題 106．GDPR に関する記述として、より<u>適切</u>なものを以下のア・イのうち 1 つ選びなさい。

ア．欧州委員会は、日本が個人データについて十分な保護水準を確保していると認めていない。

イ．日 EU 双方の個人情報保護に関する制度には、いくつかの関連する相違点が存在する。

解説　GDPR

ア不適切。欧州委員会は、GDPR 45 条に基づき、日本が個人データについて十分な保護水準を確保していると決定している。これにより、日 EU 間で、個人の権利利益を高い水準で保護した上で相互の円滑な個人データ移転が図られることとなる。

イ適　切。日 EU 双方の個人情報保護に関する制度は極めて類似しているが、いくつかの関連する相違点が存在する。この事実に照らして、個人情報の保護に関する基本方針を踏まえ、EU 域内から十分性認定により移転を受けた個人情報について高い水準の保護を確保するために、個人情報取扱事業者による EU 域内から十分性認定により移転を受けた個人情報の適切な取扱い及び適切かつ有効な義務の履行を確保する観点から、各国政府との協力の実施等に関する法の規定に基づき、個人情報保護委員会は補完的ルールを策定している。

解答　イ

問題 107. 個人識別符号に該当するものとして最も<u>適切な</u>ものを、以下のアから
エまでのうち１つ選びなさい。

ア．顔認証データ

イ．携帯電話の番号

ウ．クレジットカード番号

エ．被保険者記号・番号と紐づけられていない健康保険証の保険者番号

解説　個人識別符号

ア適　切。顔認証データは、個人情報保護法施行令１条１項に示された個人識
　　　　別符号の要件の「顔の骨格及び皮膚の色並びに目、鼻、口その他の
　　　　顔の部位の位置及び形状によって定まる容貌」に該当する。

イ不適切。携帯電話番号やクレジットカード番号は、さまざまな契約形態や運
　　　　用実態があり、およそいかなる場合においても特定の個人を識別す
　　　　ることができるとは限らないこと等から、個人識別符号に位置づけ
　　　　られていない。

ウ不適切。肢イ解説の通り。

エ不適切。各種被保険者証に記載されている各種保険者番号・被保険者記号・
　　　　番号は、３つ（被保険者記号がない場合は２つ）そろうことで特定
　　　　の個人を識別することができ、個人識別符号に該当する。

解答　ア

【第3課題　DXの展開】

第1章　DX人材

問題 108.　DX 人材に関する以下のアからエまでの記述のうち、最も<u>適切な</u>ものを1つ選びなさい。

ア.「DX レポート2」では、DX 人材を、「自社のビジネスを深く理解した上で、データとデジタル技術を活用してそれをどう改革していくかについての構想力を持ち、実現に向けた明確なビジョンを描くことができる人材」としている。

イ.「DX レポート2」では、「DX 人材には、自社の一般社員を自ら陣頭に立ってけん引し、DX を実行することが求められる」としている。

ウ. DX 人材は、デジタルの専門知識や技能を持った人材である「DX」の「D」にあたる人材と、DX の推進役、取りまとめ役となる、事業の変革に必要な人材である「DX」の「X」にあたる人材とに大きく分けられ、後者の例として「テックリード」が挙げられる。

エ.「DX レポート2」では、「DX 人材には、いたずらにスキル転換を求めず、現在もっているスキルの精度、練度を向上させることが求められる」としている。

ア適　切。「DX レポート 2」では、各企業において社内の DX 活動をけん引する DX 人材の存在を不可欠とし、「DX 人材」を、「自社のビジネスを深く理解した上で、データとデジタル技術を活用してそれをどう改革していくかについての構想力を持ち、実現に向けた明確なビジョンを描くことができる人材」としている。

イ不適切。「自社の一般社員を自ら陣頭に立ってけん引し」が誤りで、正しくは「社内外のステークホルダーを自ら陣頭に立ってけん引し」である。

ウ不適切。「テックリード」は、前者、デジタルの専門知識や技能を持った人材である「DX」の「D」にあたる人材に該当する。

エ不適切。「DX レポート 2」では、「DX 人材には、各企業で DX を推進するために必要となるデジタル技術を活用できるようなスキル転換が求められている」としている。

解答　ア

問題 109.　独立行政法人　情報処理推進機構（IPA）の「IT 人材白書 2020」にお
　　　　　　ける、DX に対応する人材の呼称のうち、「テックリード」の説明とし
　　　　　　て適切なものを、以下のアからエまでのうち 1 つ選びなさい。

　　ア．DX やデジタルビジネスの実現を主導するリーダー格の人材

　　イ．DX やデジタルビジネスに関するシステムの設計から実装ができる人材

　　ウ．DX やデジタルビジネスに関するシステムのユーザー向けデザインを担当
　　　　する人材

　　エ．システムの実装やインフラ構築・保守等を担う人材

解説　DX 人材

　　ア不適切。記述は「プロダクトマネージャー」のものである。

　　イ適　切。記述は「テックリード」のものである。

　　ウ不適切。記述は「UI／UX デザイナー」のものである。

　　エ不適切。記述は「エンジニア／プログラマ」のものである。

解答　イ

問題 110. 次の図は、日本の企業に対する「DX 推進を担う人材をどのように獲得・育成しているか」の職種別の調査結果の回答を示したものである。図中の（　　）についての以下のアからエまでの記述のうち、最も適切なものを1つ選びなさい。

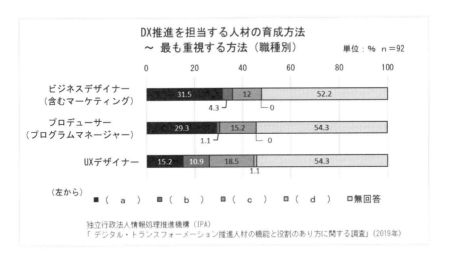

ア．（　a　）に入るのは、「既存の人材を育成」である。

イ．（　b　）に入るのは、「中途採用により獲得」である。

ウ．（　c　）に入るのは、「新卒採用により獲得」である。

エ．（　d　）に入るのは、「連携企業等から補完」である。

解説　DX 人材

ア適　切。（　a　）に入るのは、「既存の人材を育成」である。

イ不適切。（　b　）に入るのは、「連携企業等から補完」である。

ウ不適切。（　c　）に入るのは、「中途採用により獲得」である。

エ不適切。（　d　）に入るのは、「新卒採用により獲得」である。

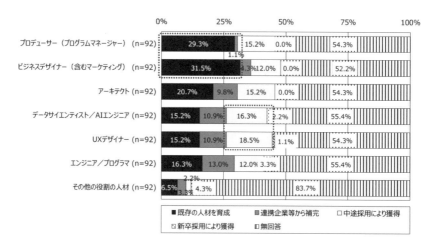

　独立行政法人情報処理推進機構（IPA）による「 デジタル・トランスフォーメーション推進人材の機能と役割のあり方に関する調査」において、「DX推進を担う人材をどのように獲得・育成しているか」を職種別に尋ねたところ、「ビジネスデザイナー」、「プロデューサー（プログラムマネージャー）」は既存(自社)人材の育成が多く、「データサイエンティスト／AIエンジニア」、「UXデザイナー」は中途採用が多い結果となった。

解答　ア

問題 111. 「DX レポート」に記されている、ベンダー企業に求められる人材として適切ではないものを以下のアからエまでのうち 1 つ選びなさい。

ア．各事業部門においてビジネス変革で求める要件を明確にできる人材

イ．求められる要件の実現性を見極めた上で、新たな技術・手法を使った実装に落とし込める人材

ウ．ユーザ起点でデザイン思考を活用し、UX を設計し、要求としてまとめあげる人材

エ．スピーディーに変化する最新のデジタル技術を詳しく理解し、業務内容にも精通する IT エンジニア

解説　DX 人材

ア不適切。「各事業部門においてビジネス変革で求める要件を明確にできる人材」は、ユーザ企業において求められる人材である。

イ適　切。ベンダー企業において求められる人材である。

ウ適　切。ベンダー企業において求められる人材である。UX は、「ユーザエクスペリエンス」のことである。

エ適　切。ベンダー企業において求められる人材である。

解答　ア

問題 112.「DX レポート」におけるユーザー企業のアジャイル開発契約に関する
次の文章中の（　　）に入る最も<u>適切な</u>語句の組合せを、以下のアから
エまでのうち１つ選びなさい。

＜パターンA＞（　a　）

ユーザ企業が必要な IT エンジニアを確保し、自社内で開発プロセ
スをすべて行う。

＜パターンB＞（　b　）

プロジェクト全体に共通する事項につき、契約を締結する。その後、
小さな単位（機能単位、リリース単位等）ごとに、開発対象と費用が
ある程度確定したタイミングで、契約（請負/準委任）を締結する。

＜パターンC＞（　c　）

ユーザ企業とベンダー企業が組合を組成し、システム開発（収益性
のあるもの）を企画・製作する。開発された成果から得られた収益は、
ユーザ企業とベンダー企業に分配される。

ア．a．基本／個別契約モデル
　　b．内製モデル
　　c．ジョイント・ベンチャーモデル

イ．a．内製モデル
　　b．基本／個別契約モデル
　　c．ジョイント・ベンチャーモデル

ウ．a．ジョイント・ベンチャーモデル
　　b．内製モデル
　　c．基本／個別契約モデル

エ．a．内製モデル
　　b．ジョイント・ベンチャーモデル
　　c．基本／個別契約モデル

「DXレポート」では、ユーザ企業において行われるアジャイル開発については、「内製モデル」、「基本／個別契約モデル」、「ジョイント・ベンチャーモデル」の3つのパターンが考えられている。

<パターンA> **（内製モデル）**

　ユーザ企業が必要なITエンジニアを確保し、自社内で開発プロセスをすべて行う。

<パターンB> **（基本／個別契約モデル）**

　プロジェクト全体に共通する事項につき、契約を締結する。その後、小さな単位（機能単位、リリース単位等）ごとに、開発対象と費用がある程度確定したタイミングで、契約（請負/準委任）を締結する。

<パターンC> **（ジョイント・ベンチャーモデル）**

　ユーザ企業とベンダー企業が組合を組成し、システム開発（収益性のあるもの）を企画・製作する。開発された成果から得られた収益は、ユーザ企業とベンダー企業に分配される。

解答　イ

問題 113.「DX レポート」等におけるベンダー企業の目指すべき姿に関する以下のアからエまでの記述のうち、最も<u>適切ではないもの</u>を１つ選びなさい。

ア．DX を通じてビジネスモデルそのものの変革を目指す企業や、DX 推進のための組織変革を目指す企業など、ビジネス面での変革を目指す企業に対して「伴走支援」を行う。

イ．最先端技術活用の新規市場を開拓し、アプリケーション提供型のビジネス・モデルに転換していく。

ウ．ユーザ企業においては委託による IT コスト削減、ベンダー企業においては受託による低リスク長期安定ビジネス実現という相互依存関係を構築する。

エ．要件の実現性を見極め、新たな技術・手法を使った実装やユーザ起点でデザイン思考を活用し、UX（ユーザエクスペリエンス）を設計できる人材を育成・確保する。

ア適　切。「DX レポート 2.1」では、従来のユーザ企業とベンダー企業の関係性は、ユーザ企業はベンダー企業へ開発を丸投げすることで内製することを避け、ベンダー企業はユーザ企業から言われたことしかやらず顧客への提案を避けるというものであり、両者がデジタル競争で勝ち抜いていくためには、ビジネス面での変革を目指すユーザ企業に対して、レガシー刷新を含めた DX に向けた変革の支援や DX 実践により得られた企業変革に必要な知見や技術の共有といった「伴走支援」を行う必要があるとしている。

イ適　切。「DX レポート」では、ユーザ企業がデジタル企業となっていく中で、ベンダー企業は常に進歩し続ける最前線のデジタル技術の分野で競争力を維持し続けることが重要になるとし、そのためには、受託業務から脱却し、最先端技術活用の新規市場を開拓し、アプリケーション提供型のビジネス・モデルに転換していくことが必要であるとする。

ウ不適切。「DX レポート 2.1」では、一見すると、現在のユーザ企業とベンダー企業の関係性は、ユーザ企業から見れば委託による IT コストの削減、ベンダー企業から見れば受託による低リスク長期安定のメリット享受であり Win-Win の構図であるが、これは、ユーザ企業にとってみれば IT による変化対応力の喪失、ベンダー企業にとってみれば低利益率による技術開発投資の不足により、両者がデジタル競争で勝ち抜いていくことが困難な「低位安定」の関係であり、デジタル産業を目指す企業として望ましくないとしている。

エ適　切。「DX レポート」では、デジタル技術の進展の中で、DX を実行することのできる人材の育成と確保はベンダー企業にとって最重要事項であり、求められる人材スキルを整理し、必要な対応策を講じていくことが必要であるとして、その人材像として、求められる要件の実現性を見極めた上で、新たな技術・手法を使った実装に落とし込める人材やユーザ起点でデザイン思考を活用し、UX を設計し、要求としてまとめあげる人材を挙げている。

解答　ウ

問題 114. 第4次産業革命対応人材に関する以下のアからエまでの記述のうち、最も<u>適切な</u>ものを1つ選びなさい。

ア．第4次産業革命のテクノロジーの出現により、我が国の雇用のボリュームゾーンである従来型のミドルスキルのホワイトカラーの仕事は、大きく減少していく可能性が高い。

イ．第4次産業革命のテクノロジーの出現により、日本社会では定型労働に加えて非定型労働においても、人手不足に陥る可能性が高い。

ウ．第4次産業革命によるビジネスプロセスの変化は、ミドルスキルも含めて新たな雇用ニーズを生み出していくため、従来からの IT 需要に対応する「従来型 IT 人材」の需要も高まる。

エ．第4次産業革命に対応した新しいビジネスの担い手として、付加価値の創出や革新的な効率化等により生産量増大に寄与できる IT 人材の確保が重要となる。

　ア適　切。第４次産業革命のテクノロジーの出現により、バックオフィス業務
　　　　　等、我が国の雇用のボリュームゾーンである従来型のミドルスキル
　　　　　のホワイトカラーの仕事は、大きく減少していく可能性が高い。

　イ不適切。ビッグデータ、IoT、AI、ロボット等をコアとする第４次産業革命の
　　　　　テクノロジーの出現により、定型労働に加えて非定型労働において
　　　　　も省人化が進展し、人手不足の解消につながる可能性が高い。

　ウ不適切。「従来からの IT 需要に対応する「従来型 IT 人材」の需要も高まる。」
　　　　　が誤りである。経済産業省「IT 人材需給に関する調査－調査報告
　　　　　書－」には、「従来から続く IT 需要に関しては、依然として IT 需
　　　　　要の大半を占めるものの、中長期的には、徐々に市場規模が縮小す
　　　　　ると予想され、従来からの IT 需要に対応する IT 人材（以下、「従
　　　　　来型 IT 人材」という。）の需要は減少すると見込まれる。」とある。
　　　　　第４次産業革命によるビジネスプロセスの変化は、ミドルスキルも
　　　　　含めて新たな雇用ニーズを生み出していくため、こうした就業構造
　　　　　の転換に対応した人材育成や、成長分野への労働移動が必要となる。

　エ不適切。「生産量増大」が誤りで、正しくは「生産性向上等」である。第４次
　　　　　産業革命に対応した新しいビジネスの担い手として、付加価値の創
　　　　　出や革新的な効率化等により生産性向上等に寄与できる IT 人材の
　　　　　確保が重要となる。

解答　ア

問題 115. CIO／CDXO／CDO に関する以下のアからエまでの記述のうち、最も
　　　　　適切ではないものを１つ選びなさい。

ア．CIO／CDXO とは、DX 推進のために経営資源の配分について経営トップ
　　と対等に対話し、デジタルを戦略的に活用する提案や施策をリードする経
　　営層のことである。

イ．CDXO は「Chief DX Officer」の略であり、CDO は「Chief Digital Officer」
　　の略である。

ウ．2021 年の総務省の日本、アメリカ、ドイツの企業に対する調査によると、
　　DX に関連する取組みの主導者について、日本では「ICT に詳しい社員」
　　などの社内の実務レベルで DX を主導している傾向がうかがえるのに対し、
　　アメリカやドイツでは「社長・CIO・CDO 等の役員」を挙げる回答が多い。

エ．日本では、企業における CIO／CDXO／CDO の設置が法的に義務づけら
　　れている。

ア適　切。DX 推進のために経営資源の配分について経営トップと対等に対話し、デジタルを戦略的に活用する提案や施策をリードする経営層が CIO（Chief Information Officer）／CDXO（Chief DX Officer）［CDO（Chief Digital Officer）を含む］である。

イ適　切。記述の通り。

ウ適　切。総務省（2021）「デジタル・トランスフォーメーションによる経済へのインパクトに関する調査研究」（令和 3 年版情報通信白書）の DX の推進主導者を尋ねた調査では、いずれの国でも「DX 推進の専任部署」の回答が多かったが、日本では「DX 専任ではない社内の部署」、「ICT に詳しい社員」など、社内の実務レベルで DX を主導している傾向がうかがえるのに対し、アメリカやドイツでは、「社長・CIO・CDO 等の役員」を挙げる回答が多く、トップダウンで DX に取り組む企業が日本と比べると高い特徴が見える。

エ不適切。「平成 30 年版情報通信白書」に企業における CIO や CDO を定義する法律は存在しない旨と企業によっては、CIO の役割を CDO が担っているといった記載がある。現状でも定義する法律はない。

解答　エ

第 2 章　DX の関連制度・政策

問題 116. DX 銘柄に関する以下のアからエまでの記述のうち、最も<u>適切なもの</u>を 1 つ選びなさい。

ア.「DX 銘柄」は、「企業価値貢献」及び「DX 実現能力」という観点で評価が実施され、これらのどちらかの指標が高い企業が選定される。

イ.「DX 銘柄」は、上場の有無を問わず、すべての企業の中から選定される。

ウ.「DX 銘柄」に選定された企業の中から、注目されるべき取組みを実施している企業については、「デジタルトランスフォーメーション注目企業（DX 注目企業）」として選定される。

エ. 特に傑出した取組みを制度開始当初から継続している企業として選定される「DX プラチナ企業 2023-2025」の選定要件は、「3 年連続で DX 銘柄に選定されていること」と「過去に DX グランプリに選定されていること」の 2 つである。

解説　DX 銘柄

ア不適切。「これらのどちらかの指標が高い企業が選定される。」が誤りで、正しくは「これらがともに高い企業が選定される。」である。経済産業省は、企業価値の向上につながる DX を推進するための仕組みを社内に構築し、優れたデジタル活用の実績が表れている企業を「DX 銘柄」として、業種区分ごとに選定して紹介している。「企業価値貢献」及び「DX 実現能力」という観点で評価を実施し、これらがともに高い企業を「DX 銘柄」として選定している。

イ不適切。「DX 銘柄」は、東京証券取引所に上場している企業から選定される。

ウ不適切。「選定された企業」が誤りで、正しくは「選定されていない」である。「DX 銘柄」に選定されていない企業の中から、注目されるべき取組みを実施している企業については、「デジタルトランスフォーメーション注目企業（DX 注目企業）」として選定される。

エ適　切。記述の通り。DX プラチナ企業は、3 年間の時限措置とすることから、「DX プラチナ企業 2023-2025」として選定されている。

解答　エ

問題 117. DX の関連制度に関する次の文章中の（　　）に入る最も適切な語句の組み合わせを、以下のアからエまでのうち 1 つ選びなさい。

> DX（　a　）制度とは、2020年5月15日に施行された「情報処理の促進に関する法律の一部を改正する法律」に基づく制度である。DX銘柄と比べると、DX銘柄は東証に上場している企業を対象に、（　b　）を評価しているのに対し、DX（a）制度は全事業者を対象に、（　c　）を評価している。

ア．a．認定　　　　b．DX の実績　　　　　c．DX に向けた準備状況
イ．a．認定　　　　b．DX に向けた準備状況　c．DX の実績
ウ．a．促進　　　　b．DX の実績　　　　　c．DX に向けた準備状況
エ．a．促進　　　　b．DX に向けた準備状況　c．DX の実績

解説　DX 認定制度

　　DX認定制度とは、2020年5月15日に施行された「情報処理の促進に関する法律の一部を改正する法律」に基づいて、国が策定した指針を踏まえ、優良な取組を行う事業者の申請に基づいて認定する制度である。
　　経済産業省と東京証券取引所が 2020 年から発表している「DX 銘柄」と比べると、「DX 銘柄」は東証に上場している企業を対象に、DX の実績を評価しているのに対し、DX 認定は全事業者を対象に、DX に向けた準備状況を評価している。

> DX認定制度とは、2020年5月15日に施行された「情報処理の促進に関する法律の一部を改正する法律」に基づく制度である。「DX銘柄」と比べると、「DX銘柄」は東証に上場している企業を対象に、DXの実績を評価しているのに対し、DX認定は全事業者を対象に、DXに向けた準備状況を評価している。

解答　ア

問題 118. DX 認定制度に関する以下のアからエまでの記述のうち、最も<u>適切で</u><u>はない</u>ものを1つ選びなさい。

ア.「DX 認定制度」は、デジタル技術による社会変革に対して経営者に求められる事項を取りまとめた「デジタルガバナンス・コード」に対応し、DX 推進の実績があると認められた企業を国が認定する制度である。

イ.「DX 認定制度」は、「情報処理の促進に関する法律の一部を改正する法律」に基づく制度である。

ウ.「DX 認定制度」の認定事業者がホームページや名刺等で DX 認定事業者であることについての発信等を行えるよう、ロゴマークがあり、使用者は、ロゴマークを認定の適用期間中に使用することができる。

エ.「DX 認定制度」の認定の有効期間は2年間であり、認定の更新を受けようとする場合は、認定後2年を経過する日の60日前までに、認定更新申請をする必要がある。

解説　DX 認定制度

ア不適切。「DX 推進の実績があると認められた」が誤りで、正しくは「DX 推進の準備が整っていると認められた」である。DX 認定制度は、デジタル技術による社会変革に対して経営者に求められる事項を取りまとめた「デジタルガバナンス・コード」に対応し、DX 推進の準備が整っていると認められた企業を国が認定する制度である。

イ適　切。「DX 認定制度」とは、「情報処理の促進に関する法律の一部を改正する法律」に基づき、「デジタルガバナンス・コード」の基本的事項に対応する企業を国が認定する制度である。

ウ適　切。記述の通り。使用に当たっては、使用規約を遵守する必要がある。

エ適　切。記述の通り。

解答　ア

問題 119. 次の表は、DX 投資促進税制の認定要件を表したものである。表中の
（　　）に入る語句の組合せとして最も適切なものを、以下のアから
エまでのうち１つ選びなさい。

認定要件	デジタル（D）要件	①データ連携 ②（　a　）の活用 ③情報処理推進機構が審査する「DX認定」の取得
	企業変革（X）要件	①全社レベルでの（　b　）が見込まれる ②成長性の高い海外市場の獲得を図ること ③（　c　）の意思決定に基づくもの

制度適用を受けるには、上記のデジタル要件、企業変革要件の両方を満たす必要がある。

ア．a．AI 技術
　　b．マインドセットの変革
　　c．会社の代表者

イ．a．クラウド技術
　　b．売上上昇
　　c．全社

ウ．a．AI 技術
　　b．売上上昇
　　c．会社の代表者

エ．a．クラウド技術
　　b．マインドセットの変革
　　c．全社

解説　DX 投資促進税制

　DX 投資促進税制は、下記のように認定要件を見直した上で、適用期限が2024 年度末まで 2 年間延長された。

認定要件	デジタル（D）要件	①データ連携
		②**クラウド技術**の活用
		③情報処理推進機構が審査する「DX認定」の取得
	企業変革（X）要件	①全社レベルでの**売上上昇**が見込まれる
		②成長性の高い海外市場の獲得を図ること
		③**全社**の意思決定に基づくもの

制度適用を受けるには、上記のデジタル要件、企業変革要件の両方を満たす必要がある。

解答　イ

問題 120. 「AI 利活用ガイドライン」における AI 利活用原則に関する以下のアからエまでの記述のうち、最も適切なものを 1 つ選びなさい。

ア. 公平性の原則は、AI サービスプロバイダは、AI システム又は AI サービスの判断にバイアスが含まれないよう留意し、また、AI システム又は AI サービスの判断によって個人が不当に差別されないよう配慮する、というものである。

イ. 適正学習の原則は、利用者及びデータ提供者は、AI システムの学習等に用いるデータの質に留意する、というものである。

ウ. 尊厳・自律の原則は、利用者は、AI システム又は AI サービスの利活用において、人間の尊厳と AI の自律を尊重する、というものである。

エ. 透明性の原則は、AI サービスプロバイダ及びビジネス利用者は、AI システム又は AI サービスの入出力等の検証可能性及び判断結果の正確性に留意する、というものである。

解説　AI 利活用ガイドライン

ア不適切。「AI サービスプロバイダは、AI システム又は AI サービスの判断にバイアスが含まれないよう留意」が誤りで、正しくは「AI サービスプロバイダ、ビジネス利用者及びデータ提供者は、AI システム又は AI サービスの判断にバイアスが含まれる可能性があることに留意」である。公平性の原則は、AI サービスプロバイダ、ビジネス利用者及びデータ提供者は、AI システム又は AI サービスの判断にバイアスが含まれる可能性があることに留意し、また、AI システム又は AI サービスの判断によって個人が不当に差別されないよう配慮する。

イ適　切。記述の通り。

ウ不適切。「AI の自律」が誤りで、正しくは「個人の自律」である。尊厳・自律の原則は、利用者は、AI システム又は AI サービスの利活用において、人間の尊厳と個人の自律を尊重する、というものである。

エ不適切。「判断結果の正確性」が誤りで、正しくは「判断結果の説明可能性」である。「AI サービスプロバイダ及びビジネス利用者は、AI システム又は AI サービスの入出力等の検証可能性及び判断結果の説明可能性に留意する。」

解答　イ

DX 推進アドバイザー認定試験　公式精選問題集

2024 年 5 月 15 日　初版第 1 刷発行
2024 年 6 月 28 日　　　第 2 刷発行

編　者　一般財団法人　全日本情報学習振興協会

発行者　牧野　常夫

発行所　一般財団法人　全日本情報学習振興協会
〒101-0061　東京都千代田区神田三崎町 3-7-12
清話会ビル 5F
TEL：03-5276-6665

販売元　株式会社 マイナビ出版
〒101-0003　東京都千代田区一ツ橋 2-6-3
一ツ橋ビル 2F
TEL：0480-38-6872（注文専用ダイヤル）
03-3556-2731（販売部）
URL：http://book.mynavi.jp

印刷・製本　大日本法令印刷株式会社